Malacabado

Jairo Marques

Malacabado

A história de um jornalista sobre rodas

TRÊS ESTRELAS

EDITOR Alcino Leite Neto

EDITORA-ASSISTENTE Rita Palmeira

PRODUÇÃO GRÁFICA Iris Polachini

ILUSTRAÇÃO DA CAPA Jean Galvão

PROJETO GRÁFICO DO MIOLO Mayumi Okuyama

EDITORAÇÃO ELETRÔNICA Jussara Fino

PREPARAÇÃO Thaís Nicoleti de Camargo

REVISÃO Carmen T. S. Costa, Cacilda Guerra e Guilherme Magalhães

Dados Internacionais de Catalogação na Publicação (CIP)
(Câmara Brasileira do Livro, SP, Brasil)

Marques, Jairo
Malacabado: a história de um jornalista sobre rodas / Jairo Marques. -- São Paulo: Três Estrelas, 2016.

ISBN 978-85-68493-26-7

1. Histórias de vida 2. Jornalistas – Brasil – Memórias
3. Marques, Jairo 4. Paraplégicos – Autobiografia
5. Pessoas com deficiência – Inclusão social I. Título.

16-03180 CDD-079.092

Índice para catálogo sistemático:
1. Jornalistas: Memórias autobiográficas 079.092

Este livro segue as regras do Acordo Ortográfico da Língua Portuguesa (1990), em vigor desde 1º de janeiro de 2009.

TRÊS ESTRELAS

Al. Barão de Limeira, 401, 6º andar
CEP 01202-900, São Paulo, SP
Tel.: (11) 3224-2186/2187/2197
editora3estrelas@editora3estrelas.com.br
www.editora3estrelas.com.br

Sumário

Para minha mãe, Marli, com amor

Introdução

Por causa dos seus olhos

Em *Janela da alma*, o elogiado documentário de João Jardim e Walter Carvalho sobre os diversos aspectos da visão e do olhar, o fotógrafo e ensaísta esloveno Evgen Bavcar, que é cego, diz: "Não devemos falar a língua dos outros, nem utilizar o olhar dos outros, porque, nesse caso, existiremos através dos outros. É preciso tentar existir por si mesmo". As palavras de Bavcar constituem o coração deste livro.

Opressores, raivosos, amorosos, incentivadores, piedosos, curiosos, receptivos, inquisidores, mansos, austeros, venenosos, sedutores, os olhares lançados sobre os *malacabados*, todos os dias, durante toda a vida, ainda que não sejam, por si sós, capazes de determinar nossa maneira de ser e de agir no mundo, têm força suficiente para nos machucar ou para elevar a nossa autoestima.

A palavra *malacabado*, espécie de corruptela de "mal-acabado", é uma galhofa, uma provocação à falsidade disfarçada em discurso politicamente correto, que abraça e chama alguém de "especial" diante de uma plateia, mas golpeia a cidadania pouco a pouco, nas várias situações em que ela precisa verdadeiramente ser representada e respeitada com inclusão, com acesso, com todos juntos.

Houve quem interpretasse o uso que faço dessa palavra como "ofensivo à dignidade humana", cobrando de mim o emprego do vocabulário politicamente correto. A provocação, no entanto, foi meu modo de dizer que a tarefa da sociedade não se esgota no aprendizado de novos termos. O que importa, de fato, é pôr em discussão, de modo objetivo, a pauta da inclusão, que deve levar ao aprendizado de uma nova atitude: a transformação de olhares de pena em olhares de encorajamento.

Assumir-se *malacabado* é, ao mesmo tempo, consequência do cansaço diante de uma sociedade que cobra perfeição em seus mais diversos setores e um chamamento à realidade: existirá alguém que possa dizer-se inteiramente acabado, feito por completo, perfeito? Quem representaria o modelo de *serumano* irretocável em caráter, em contentamento de alma, em formas e belezas?

Diante de pessoas assinaladas pela diferença, seja ela física, sensorial ou intelectual, os olhares denunciam, sem disfarces, a inquietação. Sem rodeios, eles podem se apresentar, logo na primeira mirada, enviesados pelo preconceito, pelos prejulgamentos, pelos valores distorcidos, pela percepção equivocada do outro. Defender-se deles é uma tarefa tão árdua quanto fundamental.

Aos que recebem os raios da íris alheia, restam os conflitos, a dúvida sobre si mesmos ou o impulso para seguir adiante. Um olhar pode encorajar alguém a seguir seu destino, mas também pode desmotivar a viagem. Pode levar alguém a cair num abismo, mas também pode ser um convite ao deleite, como uma tarde de sol.

Para resistir à pressão das ideias preconcebidas, expressas em certos olhares desinformados e viciados, seja os de curiosidade, seja os de desprezo ou até mesmo de deboche, é preciso investir na força da família, em conhecimento profundo sobre as possibilidades da vida humana, em felizes viagens interiores, em satisfação com as pequenas, que também podem ser grandes, realizações.

Para viver bem consigo e seguir em frente, mesmo tendo um "parafuso a menos" ou sendo do "time dos *malacabados*", é importante estar ligado aos sentimentos de bem-querer, emanar certo otimismo em relação à vida, planejar bem as estratégias para encarar desafios cotidianos que parecem impossíveis de ser vencidos e cultivar hábitos de buscar uma segunda opinião, de procurar um caminho alternativo, de se orientar por múltiplas fontes. A alma não precisa ser "mal-acabada".

Este livro narra uma série de enfrentamentos que vivi, de lições que aprendi, de constatações alegres, tristes ou apenas deselegantes, ao ter de lidar com o olhar dos outros. Embora as histórias sejam todas relacionadas a passagens de minha vida, não tive a pretensão de fazer um relato autobiográfico. Minha intenção foi extrair desses episódios alguma reflexão a respeito do cuidado que temos (ou não temos) com a vida alheia e das consequências de nossas atitudes.

Mesmo que algumas passagens sejam baseadas em minhas impressões do olhar alheio e, por isso, tenham certa carga de subjetividade, procurei juntar o relance dos olhos a fatos concretos, a gestos e a atitudes subsequentes, que, de alguma maneira, reforçaram os meus conceitos. Mas também não me furtei a deixar fluir sensações íntimas, uma vez que sou parte desse mundo supostamente paralelo em que vive quem carrega alguma inconformidade física ou sensorial.

É preciso sublinhar que a narrativa não pretende consagrar verdades: ela está sujeita a erros em suas colocações e trata de experiências pessoais que podem ou não ser reproduzidas em outras circunstâncias com características semelhantes.

O livro é também um emaranhado de emoções provocadas pelo desafio de ter que atuar em cenas muito distintas de um mesmo espetáculo, ora dramáticas, ora cômicas, e ter de sobreviver, de seguir adiante, construindo uma vida na adversidade de uma condição visualmente imperfeita.

Malacabado oferece ao leitor a possibilidade de analisar o comportamento do autor e buscar com ele algum tipo de identificação. Está aberta também a possibilidade de novas, provocativas ou inspiradoras interpretações do termo que se tornou o título desta narrativa.

Não há manuais que indiquem direções úteis ou seguras para as pessoas cuja existência parece confrontar os ideais de sucesso e felicidade com que os cidadãos constroem suas vidas. Há, porém, maneiras de tirar proveito das experiências de alguém que se arrisca, se expõe, tenta driblar as complicações, acolhe, ama e hoje consegue lidar com as diversas rajadas vindas dos olhares alheios.

Os primeiros olhares

— A senhora não pode ir embora agora. O estado dele é muito grave. É possível que morra ainda nesta noite.

Ela, então, permaneceu à espera. Estava perdida, desesperada. Sentia um medo aterrador. Além disso, congelava de frio. Embora a baixa temperatura não fosse atípica para São Paulo, ainda mais naquele mês de julho de 1975, para a mulher que tinha chegado de Mato Grosso do Sul com um bebê doente, o frio era absolutamente cruel.

Ela deixara às pressas Três Lagoas, onde as pessoas costumavam comemorar a "brisa gostosa" quando a temperatura baixava para 30 °C. Era, em meados dos anos 1970, uma pequena cidade, quase uma vila, com estilo de vida muito simples. Só mais tarde o local conheceria as vantagens do progresso, que chegaria, sobretudo, com a usina hidrelétrica de Jupiá, inaugurada em 1974, e a interligação viária com o interior paulista.

Para minha mãe, Marli, então com trinta anos, também eram novidade aquela garoa incessante de São Paulo, aquele vento que cortava o rosto e a expectativa sobre o que ocorreria com seu filho e com a sua própria vida. Ela tinha a alma e o coração gelados, mas tentava manter a cabeça em funcionamento e o raciocínio em ordem para poder se acalmar e, quem sabe, contribuir para que eu saísse vivo daquele hospital. Nos corredores cheios de aflição da Santa Casa de Misericórdia de São Paulo, ora ela cochilava nos bancos, ora tentava me espiar através de um espelho, o único meio de saber o que acontecia comigo no setor de isolamento, que era o local onde colocavam os bebês em situação crítica de saúde provocada pela paralisia infantil. Naquela época, ainda não havia conhecimento total sobre a doença nem sobre suas implicações. Desgarrar as crias de suas mães era o protocolo exigido, pois o vírus continuava a destruir o corpo do bebê e era preciso realizar cuidados urgentes e minuciosos. Entre eles, deixar a criança no interior do "pulmão de aço", aparelho que hoje passaria por instrumento medieval, mas que, naquele tempo, foi fundamental para salvar milhares de vidas. O único meio de "contato" que minha mãe tinha comigo era um reflexo. Um espelho, instalado no aparelho, bem acima da minha cabeça, projetava para ela a minha imagem mirrada.

Amplamente usada nos países ricos desde os anos 1920, a máquina fazia as vezes de pulmão e reabilitava, aos poucos, a capacidade respiratória quase perdida. Acreditava-se então que, quanto mais rápida fosse feita a oxigenação, menos estragos a pólio provocaria nos corpos infantis.

Trancafiado no monstruoso aparelho, eu escaparia de morrer naquela noite, mas deixaria para trás, para toda a vida, a possibilidade de realizar alguns movimentos básicos do ser humano: andar, correr, bailar, rebolar, agachar, pular...

Pelo relato de minha mãe, eu parecia compreender, mesmo sendo um bebê de nove meses, que ela moraria naquele espelho por várias semanas. E era no espelho que eu a procurava, aflito, tentando achar seu olhar que me confortava naquele ambiente hostil. E, quando o encontrava, trocávamos a imagem de nossos choros desesperados nas duas faces de um mesmo objeto.

o

— As perninhas estão moles, ele não para mais em pé! — gritava a avó em pânico.

Foi então que se percebeu que o diagnóstico de meningite, feito dois dias antes, estava completamente errado. Era algo ainda mais grave, mais urgente e mais destruidor.

A febre não cedia, os vômitos eram constantes e a dificuldade de respirar progredia. Novos médicos foram consultados, e uma sentença determinou toda a minha condição de gente:

— Ele foi atacado pelo vírus da paralisia infantil. A senhora não deu a vacina?

A mãe teria de responder à pergunta, então feita pela médica pediatra, durante toda a vida, em centenas de oportunidades ou de inquirições. Às vezes, falava de maneira objetiva, outras com raiva, invariavelmente emocionada, nunca de forma completa:

— Tomou duas doses... Ele tomou duas doses, mas ficou doente.

A poliomielite infectou milhares de crianças em todo o mundo, tirando-lhes movimentos, quando não a própria vida. Atualmente, a doença continua agindo e matando pessoas na África, na Ásia e em regiões isoladas do globo. Embora raríssimos, existem registros de vítimas da ação do vírus enfraquecido da própria vacina. Há ainda os casos decorrentes da carência de condições de imunização adequada. E eu tomei duas doses.

Há quem tenha passado longe da doença sem ter tomado nenhuma vacina ou tendo tomado apenas uma dose. Há também os que se imunizaram adequadamente, recebendo as três doses da Sabin, o nome da salvação. Nunca soube, de fato, se me faltaram gotinhas ou se fui contaminado por elas, pelo vírus fraco que pode ter se fortalecido.

A década de 1970 foi dramática para as crianças no Brasil, pois o vírus que provoca a pólio se espalhou por várias regiões do país. O ano de 1975 foi o mais devastador, com a contaminação de 3.596 crianças, entre as quais estava eu. As razões científicas da epidemia nunca ficaram claras, mas a carência de imunização adequada era terreno fértil para a proliferação da doença.

O destino faz questão de pregar peças malucas nas pessoas. Entre as dez músicas mais tocadas nas rádios de todo o país naquele ano estava *Cadeira de rodas*, de Fernando Mendes.

Na canção, o compositor contava a história de um amor não amado entre um observador e uma menina "sofrida" em sua cadeira de rodas: "Sentada na porta/ Em sua cadeira de rodas ficava/ Seus olhos tão lindos/ Sem ter alegria/ Tão triste chorava". Na avaliação do senso comum, a cadeira de rodas é uma prisão, e a condição de deficiente pressupõe a privação da alegria.

Em 1980, 1.290 crianças morreram devido à pólio. O número elevado de doentes fez a opinião pública pressionar o governo por uma solução definitiva para o problema: imunizar os recém-nascidos de norte a sul do Brasil, de maneira eficiente. Apenas entre o final da década de 1980 e o começo da de 1990, com campanhas maciças de vacinação de crianças de até cinco anos, a fera invisível foi controlada no Brasil, segundo o histórico do Ministério da Saúde.

o

— Ele precisa ir com urgência para uma cidade grande ou não vai sobreviver, porque aqui não temos estrutura — disse um médico.

Outro agiu com mais pessimismo e, indiferente ao coração desesperado da mãe, deu minha primeira sentença de morte:

— Leve para casa e reze. Não tem mais jeito.

Apenas rezar foi atitude que ela descartou. A mistura de culpa e de instinto materno provocou uma reação que não cabia de maneira lógica naquela realidade.

Eu era o terceiro filho, depois de Jefferson, então com oito anos, e de Sheila, com dois. Foi naquela época que, certamente, começaram para os irmãos as privações de cuidados e atenção por parte da mãe. Ela e eu precisaríamos passar longos períodos longe de casa, e as outras duas crianças ficavam sob os cuidados de parentes e de vizinhos.

O pai era tuberculoso, alcoólatra e alienado – impossível que pudesse ter alguma atitude a respeito de uma situação tão grave. Ele também não teria participação nenhuma em meu processo de reabilitação. Muito pelo contrário, precisou ser amparado e socorrido, quando seu estado de saúde se agravou. Morreu aos trinta anos, deixando para a mãe e os três filhos a pensão de um salário mínimo.

Não tenho lembranças de meu pai. Quando moleque, em casa, um velho guarda-roupa abrigava alguns de seus pertences: prendedores de gravata, camisas... Para mim, ele foi apenas isso.

°

Foi João, o taxista, que acendeu a lamparina de esperança para aquele bebê meio inerte, meio vivo:

— Pegue uma muda de roupa e eu levo vocês para São Paulo. Vamos salvar a vida do menino.

Mesmo jamais tendo viajado até a capital paulista, João se dispôs a assumir a empreitada. Agiu movido pela consciência de tentar salvar um bebê. Madrugada adentro, dirigiu quase 700 quilômetros em velocidade escandalosa para a rodovia Marechal Rondon, em frangalhos. Nos braços de minha mãe, eu era uma dúvida.

— João, não sei mais dizer se ele está vivo...

Nesses momentos, ela seguia a carta de recomendação dos médicos: "Caso a respiração pare com muita frequência, entre na primeira cidade e peça com urgência oxigenação para o bebê".

Aguentei até a chegada a São Paulo, que não era tão cinza como hoje, mas era uma cidade dura, industrial, lotada de Fuscas e de trabalhadores, com sua dinâmica muito peculiar, confusa e tensa, em relação ao deslocamento frenético das pessoas.

João fez o que pôde até deixar a mim e a minha mãe na porta da Santa Casa, de onde só saí quase dois meses depois.

Minha mãe sabia pouca coisa a respeito do potencial devastador daquela doença. Se aquele corpo minúsculo estava com suas inervações abaladas praticamente da cabeça aos pés, se a criança viveria cheia de sequelas e limitações físicas, nada disso importava para ela naquele momento. O que a preocupava, então, era apenas o essencial, o viver e o morrer. Ela queria que seu filho sobrevivesse. Seu esforço teria de ser recompensado.

o

Minha mãe nasceu na roça. Era a mais velha de três irmãos e foi a que teve menos oportunidade de abandonar a pobreza. Nunca ouvi de sua boca alguma história do passado que fosse alegre ou radiosa. Seus dias tristes foram tantos que apagaram qualquer possibilidade de leveza, mesmo em momentos da vida como o casamento ou o nascimento dos filhos, certas conquistas singelas.

Em qualquer história contada por ela, há sempre um ponto de tragédia, até nos enredos mais engraçados. Os acontecimentos corroeram sem perdão o azul da alma de minha mãe. As dores fizeram dela pedra. Hoje, gosta muito de cachorros, tem uma vida tranquila, mas ficará sempre inquieta diante da chegada da felicidade. Não acredita muito nisso, não. Tem suas asperezas cravadas de maneira tão profunda que nunca se permite relaxar, sorrir frouxo ou devanear.

Na adolescência, ela tentou morar com uma tia em Guarulhos, na Grande São Paulo, para poder estudar e trabalhar. Foi um tempo curto. Voltou para o interior sul-mato-grossense para amparar a família.

Casou sem amor, queria sair de casa. Também nunca escutei um relato de romance de minha mãe. Penso que o peso do vício e da doença de meu pai, Benedito, aliado ao fato de ele ter morrido muito novo, deixando-a sozinha com o fardo de três filhos, um dos quais com uma deficiência grave, deve ter sido fundamental para a ausência de coraçõezinhos e bolas de sabão coloridas dentro de casa. Aos trancos e barrancos, ela conseguiu entrar no serviço público. O cargo era bastante medíocre, mas os vencimentos davam para garantir o sustento básico das crianças.

Minha mãe sempre foi a mais cômica e a mais séria, a mais pontual e a mais atolada nas demandas domésticas. Não se permite até hoje ter prazer com superficialidades. Nunca teve tempo para si mesma. Nunca a vi passando batom, maquilagem ou tomando demorados e relaxantes banhos de pétalas aos domingos. A vaidade dela sempre foi arrumar um jeito de me fazer viver melhor.

Jefferson e Sheila, meus irmãos, aprenderam rapidamente a cuidar de si mesmos e a cuidar de mim. Começaram a trabalhar ainda na adolescência para amainar as carências dentro das panelas. Meus irmãos não tiveram na infância uma mãe que os ninasse e os acalentasse como mereciam e precisavam. De certa maneira, tiveram de contar com a sorte para ter uma infância com segurança e conseguir algum carinho de parentes por aqui e por ali. Até hoje, minha mãe se culpa pelas lacunas de criação deixadas em meus irmãos. Questiona-se sobre as carências emocionais deles.

Com o tempo e com a minha libertação da imobilidade total provocada pela pólio, mamãe pôde ter mais alívio no dia a dia, pôde olhar com mais atenção para os meus irmãos, que nunca saíram de perto dela, ao contrário de mim, que deixei minha casa aos dezessete anos. Entendo, porém, que um estrago íntimo de sentimento na família já ocorrera. Não sei se houve solidariedade familiar. Houve uma causa e uma consequência. Minha mãe precisava me salvar e seguiu adiante. Meus irmãos pagaram o preço. Eram muito pequenos, não tinham discernimento para compreender que a atitude da mãe, no fundo, seria útil a todos.

Seguramente, herdei dela um jeitão meio fortaleza, meio indiferente às frescuras, meio brutal, apto para enfrentar o matagal cheio de bichos estranhos. Penso que, de certa forma, vencer os olhares dos outros ou ignorá-los me foi uma estratégia de vida fundamental para que pudesse dar algum orgulho à minha mãe, afastá-la de algum remorso e mostrar a ela belezas possíveis.

o

Não havia mais que fazer naquele hospital. Restabelecidas as minhas funções vitais básicas, já fora de perigo – uma conquista de poucos –, fui entregue de volta aos braços da mãe cheia de dúvidas, incertezas e traumas.

Com quase um ano de idade, eu praticamente era, mais uma vez, um recém-nascido que precisava de atenção em tempo integral. Não ficava em pé, não sentava, não engatinhava, não esperneava, não levantava os bracinhos em busca de colo. Tudo o que eu havia aprendido até então, as primeiras noções de equilíbrio e de coordenação motora, de tatear ao meu redor, fora levado pela doença. Tudo teria de ser reaprendido de uma maneira nova. Como fazer – isso não sabíamos, nem havia cartilha que nos ensinasse. Mas era preciso seguir adiante.

Eu jamais voltaria a ficar, com minhas próprias forças, apoiado à beira da cama – a última imagem que todos de casa guardavam de mim antes da deficiência, sem a paraplegia. Da cintura para baixo, nenhum movimento, embora a sensibilidade tivesse sido preservada totalmente. Eu era dependência total.

A partir de então, meu corpo e minha condição física começariam a estrelar um intenso espetáculo: eu me tornaria alvo constante de olhares curiosos, que, carregados com os mais diversos significados, guardavam variadas sentenças.

Passamos meses trancafiados em casa, eu, minha mãe, meus dois irmãos e um pai também doente, que morreu pouco tempo mais tarde, vítima do alcoolismo, "só para ajudar", expressão que ficou famosa em família. Encarar ávidas visitas que buscavam entender o que havia restado daquele bebê e que especulavam sobre o meu destino, oferecendo ajuda, às vezes de modo estapafúrdio, era algo doloroso demais a ser enfrentado pela família. Era melhor esconder, tentar fugir por algum tempo.

O vírus da poliomielite age dentro do sistema nervoso e vai retirando a capacidade motora da criança de maneira irreversível, pois mata os neurônios. Há casos em que a ação de destruição para e afeta uma das pernas, mas o mais comum é que haja o comprometimento total do sistema neural da vítima, que acaba morrendo com a parada de órgãos do sistema respiratório.

A pólio não deixa sequelas nas sensações táteis. Portanto, a vítima sente as partes do corpo normalmente, embora não possa mexê-las. No meu caso, a doença tirou o movimento das duas pernas e, parcialmente, de um dos braços, o esquerdo, que não consigo levantar e com o qual não seguro objetos pesados. Em decorrência disso, uma série de outros problemas acontece, como escoliose e atrofia muscular, acarretando a necessidade de tratamentos reparadores diversos, ao longo da vida.

Como, entretanto, explicar aos curiosos de plantão, em 1975, o pouco que se sabia de uma enfermidade tão devastadora? Nada havia a mostrar, além de uma flacidez muscular intrigante. Era apenas um bebê inerte. Nenhuma anormalidade aparente.

Um dia a porta de casa foi aberta, e a minha exibição aos olhares inquietos começou para nunca mais parar. Era o início da formação da minha carapaça contra a piedade, contra o asco, contra os comentários pavorosos que não cessariam jamais. Começaram também as caravanas de solidariedade até a casa humilde, com pessoas verdadeiramente solícitas e outras apenas tementes a Deus. Era o início de uma ciranda frenética e ritualística de fórmulas curativas para a criança:

— Coloque ele no bucho de uma vaca durante doze horas, mas é preciso que o bucho tenha sido retirado pouco tempo antes e que esteja quente...

— Esse chá de ervas é infalível. Levantou muita gente desesperançada...

— O doutor chinês de Marília é milagroso. Curou criança igual a ele...

— Ele vai se recuperar com essa oração. Faça todos os dias, sem falhas, durante dois meses...

— Passe esse óleo de carneiro lambuzando o corpo todo durante um ano...

Anos se passariam até que as pessoas entendessem que o que a criança paralítica necessitava, de fato, era de reabilitação. Ela precisava aprender a viver com aquilo que lhe restara. Informação adequada era artigo raro para os pobres naquela época e, quanto mais o tempo passava, mais as deformidades provocadas pela ação do vírus se apresentavam. Não era "apenas" a incapacidade de caminhar. A coluna vertebral se entortava em uma escoliose tão severa que, se não fosse revertida, causaria o afogamento do pulmão. As enervações das pernas se contraíam a ponto de fazer dos membros inferiores dois ganchos que não se estiravam.

Naquelas condições, seria complexo demais continuar crescendo, sendo gente. Também redobrava a cobrança dos vizinhos, de conhecidos e até de parentes para que "alguma coisa" fosse feita. Mesmo sem um caminho certo a percorrer, alguma decisão precisaria ser tomada.

o

Ela olhava para mim com desdém, com a prepotência de quem era a dona absoluta da situação. Era enorme, cascuda, asquerosa, como tinha de ser. Por mais legítima que parecesse a sua caça, para mim, a ação era arrogante e desumana. Tentei me livrar dela de todas as formas antes de abrir o berreiro. Fiz força com os quadris para tentar vencer aquela imobilidade que já durava meses e que levava a paciência, a integridade e parte da minha infância.

— Mããããe, tem uma barata lambendo meu pé! Ela tá entrando no gesso!...

Aos dez anos, fiquei por seis meses com as duas pernas engessadas, para um procedimento médico doloroso e angustiante de estiramento dos nervos, que se retraíram com a pólio. Depois, mais um ano com uma espécie de colete, também de gesso, para tratar a escoliose.

Até hoje tenho pesadelos com a estrutura estrambólica em que eu era colocado para que a coluna fosse engessada. Era uma espécie de cama metálica, cujo estrado era feito de tiras de couro que formavam uma rede. À medida que os técnicos iam moldando no meu corpo um colete feito de uma massa branca, gélida e incômoda, soltavam as tiras, o que me dava a impressão de que, a qualquer momento, eu cairia no chão.

Tinha uma sensação profunda de pânico só de pensar em cair daquilo, mesmo com duas ou três pessoas dando suporte.

Não era necessariamente dor, embora sentisse dor também. Era medo do momento e dos dias futuros que deveria passar preso àquela armadura de gesso que se formava.

Lembro-me do cheiro da "sala do gesso". Era um cheiro de sofrimento. Reluto muito em admitir que padeci com a paralisia infantil, mas aquele odor remói momentos amargos e me angustia. São dessa época os meus choros mais agudos, mais dramáticos. Minha mãe ficava acuada em um canto para não atrapalhar os técnicos e não ter vontade de me resgatar daquele pesadelo estritamente necessário naquela época. Sem a reparação de minha coluna, os pulmões seriam esmagados e minha capacidade respiratória poderia diminuir até a morte.

Com quase todo o corpo engessado, exceto a cabeça, os braços, o umbigo, o órgão sexual e a bunda, eu era o exótico da rua. Era o menino que ficava por horas deitado, imóvel, em uma maca, à sombra de uma grande árvore em frente a uma casa de uma das vilas mais pobres da cidade.

Aquele era o lugar mais fresco e aconchegante para mim, embora a operação de me deslocar fosse bem complexa e árdua. Minha mãe me tomava nos braços, o meu peso triplicado pelo gesso, e me deitava na maca rangente. O meu quarto na pequena casa do conjunto habitacional era minúsculo, quase lúgubre. Bom mesmo era passar horas observando o movimento das formigas nos galhos, sentindo o vento que balançava as folhas e conversando com amigos imaginários.

O calor era em geral insuportável e a curiosidade das pessoas também. As que passavam pela rua paravam para saber se "aquilo tinha sido acidente". Deitado à sombra, recebi centenas de cumprimentos de dó, de piedade e de curiosidade. Como seria possível viver daquela maneira? O único sentido era a busca da cura. Com o esqueleto arrumado, ereto, caminhar seria bem mais fácil e mais óbvio.

Naquele momento de minha vida, havia uma intensa pressão dos outros para que eu "ficasse bom" e voltasse a andar. Não havia possibilidade de eu ser feliz do jeito que era, com a metade do corpo paralisado. A incapacidade de as pessoas, em geral, entenderem que cada um funciona à sua maneira e desenvolve sua realidade a partir do que tem, e não do que não tem, justificava fazer qualquer sacrifício em nome da "cura". Até hoje, pessoas com deficiência são interpretadas como seres aos quais "falta" algo, seres mal-acabados que precisam ser completados com a ajuda da medicina, de tratamentos e de tecnologia para se tornarem mais iguais aos comuns.

Apenas no começo da minha adolescência, após dezenas de tentativas de curar o incurável, foi ficando claro para mim e minha família que o importante não era buscar aquilo que eu não tinha. O que mudaria de vez a minha vida seria dotar de valor tudo aquilo que me restara ter. É um desafio gigantesco fazer com que isso seja compreendido de maneira mais abrangente. A criança cadeirante, ou cega, ou surda, não tem necessidade de uma torcida imensa para que ela se "cure". Cura, em diversas situações que envolvem a deficiência, ainda é algo pouco factível.

A empáfia daquela barata que me venceu em uma madrugada distante, na infância, iria repetir-se com outros insetos ao longo da minha vida. Algumas vezes, voltei a engolir em seco; outras, venci.

Resiliências

— Faz força para erguer o tronco! Mais força. Joga as pernas pra frente, vai — ordenava a fisioterapeuta. Mas nada: eu não conseguia fazer nenhum movimento que se parecesse com andar.

Depois de onze cirurgias, engessamento da cabeça aos pés, viagens até centros de reabilitação de São Paulo e de Brasília, treinamentos motores e despesas que empobreciam ainda mais a família, aos treze anos eu ainda não era capaz de ficar ao menos em pé, mesmo adereçado de aparelhos ortopédicos agressivos, cheios de ferragens, espumas e formas feitas de silicone.

Reabilitar, nas décadas de 1980 e 1990, um corpo abatido pela pólio envolvia processos um tanto agressivos para uma criança. Ir à fisioterapia era como me levar para um drinque no inferno. Para melhorar a circulação sanguínea e estimular, em vão, movimentos dos músculos das pernas, eu era colocado em um equipamento chamado Turbilhão, uma espécie de cilindro de metal cheio de água que, ao ser ligado e fazer o líquido rotacionar, produzia um barulho pavoroso.

Por mais que dissessem que era seguro, eu gritava para sair de dentro daquilo. Eu me sentia como se, a qualquer momento, as entranhas daquela máquina fossem me sugar. Consigo lembrar-me perfeitamente do olho do Turbilhão.

Algo muito comum também naquela época era a eletroestimulação, que consistia – nada mais, nada menos – em dar choques nos nervos inertes na tentativa vã de trazê-los de volta ao trabalho. Eram repuxos e vibrações tênues, mas, na minha cabeça infantil, aquilo não passava de violência pura que não tinha resultado nenhum. Sessões após sessões de eletrodos grudados em meu corpo, e nada de novo era conquistado.

De certa maneira, todas aquelas tentativas de trazer de volta um dobrar de pernas ou um cruzar de dedos dos pés não passavam de um modo de levar alento à família que buscava a cura. Particularmente, nenhuma energia dentro de mim me impulsionava a caminhar, como tanto desejavam minha mãe, meus irmãos e as pessoas próximas. Brincar, viver, estudar e levar uma vida mais tranquila – eram esses meus pensamentos, dentro da minha condição *malacabada*. Andar me fazia falta, mas sabia que meu corpo não tinha condições para exercer os movimentos de marcha. Quem não consegue andar sabe perfeitamente a complexidade envolvida no simples ato de dar um passinho. Não basta jogar as pernas para a frente, é preciso ter o tronco ereto, colocar o quadril em movimento, flexionar levemente o joelho, buscar o equilíbrio, o brio, o "carão".

Parte significativa da vida de uma pessoa com deficiência é dedicada à busca, muitas vezes desorientada, de identificação, ao esforço de saber quem ela será após a fatalidade que lhe acometeu os sentidos ou o físico.

Assumir-se como ser com limitações e, a partir delas, construir uma realidade é, em princípio, como aceitar uma sentença de aprisionamento eterno. Por isso, para fugir da sentença, lança-se mão de esperanças infundadas, baseadas em promessas científicas, em palavras religiosas, em correntes de bons pensamentos, que, embora possam fortalecer, não religam os fios partidos por doenças, acidentes e infortúnios.

Reconhecer que você será, por toda a sua existência, diferente dos outros em muitos casos é tão importante como correr atrás de maneiras de aproveitar a vida apesar da cegueira, da surdez, da falta de movimentos. Se você não souber ao certo quem é, o que pode e como pode, não se livrará do pesadelo de um passado que impede de projetar um futuro em pensamento.

Às vezes, o momento de aceitação exige antes enfrentar o sentimento de pena e de esperança vã de algumas pessoas próximas. É necessário virar o timão do olhar de angústia para o olhar de apoio. É necessário criar um ambiente que abra as portas para novas possibilidades de viver, em face da nova condição.

Há quem defenda que é importante o momento de luto pelo que se perdeu, pelo que ficou para trás em lembranças e fotografias. O problema, porém, é o tempo que vai levar a choradeira, o tanto de curativo que será colocado nessa dor. Há quem fique tanto tempo lastimando a própria condição que envelhece sem ter vivido as diversas experiências possíveis com o corpo diferente, de sentidos diferentes, que possui.

o

Foi necessário que o doutor Nascimento, médico do hospital Sarah Kubitschek, de Brasília, pegasse na mão de minha mãe e olhasse fundo nos seus olhos para convencê-la de que eu não mais andaria, por maiores que fossem os esforços dela e os meus.

Antes, ele conversou longamente comigo. Perguntou:

— Você acha que vai conseguir andar? Você deseja isso com muita força?

Àquela altura dos acontecimentos, eu não tinha maturidade para tomar grandes decisões na vida, mas sabia que era vão continuar naquela tentativa incessante de ser como os outros meninos da rua.

— Minha mãe quer muito que eu ande, doutor...

— E se a gente conversar com ela, juntos?

Foi uma das poucas vezes que vi minha mãe chorar profusamente. Ali, ela jogou a toalha daquela luta desgastante e sacrificante para evitar que eu fosse torto. A partir de então, começava uma nova maneira de olharmos para a frente, de planejarmos o futuro.

Desde as palavras do médico, não houve mais nenhuma outra tentativa de buscar a recuperação de meus movimentos perdidos. Ser cadeirante passava a ser uma condição humana minha, mais complicada e mais dramática do que diversas outras, como ser míope, ser muito baixo, ser albino ou ser gordo. Uma condição que não tinha remendo e que não era transitória.

Até hoje, minha mãe comenta comigo a notícia de alguma iniciativa científica que prometa a devolução do andar a paraplégicos no curto espaço de algumas décadas e também festeja os progressos realizados com o uso de células-tronco. Mas entre nós nunca mais falamos sobre tentar andar.

Quando conseguimos dominar a inquietação causada pela anormalidade física ou sensorial, os pensamentos desanuviam-se e somos capazes de ver múltiplas opções sobre o que fazer de nossa vida, sobre como dominar o olhar torto e fazê-lo mirar uma reta. No pacote, vai também a necessidade de enfrentar julgamentos apressados, de buscar condições adaptadas de trabalho, estudo, relacionamento e interação.

Assumir-se "aleijado" é deixar de ter pena de si mesmo e não mais aceitar ser visto nem como o "coitado" dependente nem como o herói, por simplesmente ter uma condição diferente da dos outros. É encarar de maneira mais firme e menos constrangida ou magoada as pernas secas, o tronco desajeitado e os poucos movimentos indóceis. Entender, enfim, que você é mais do que uma figura fora de padrão.

Certamente eu não tinha noção do tamanho da encrenca que teria de enfrentar dali em diante nem tinha ideia de que tipo de preparo – além do técnico, como transferir-me da cadeira de rodas para o vaso sanitário, da cadeira para a cama, subir ou descer de uma calçada sem rampas etc. – eu precisaria para enfrentar um mundo cujos contornos não foram desenhados para mim.

Entre o claro
e o escuro

É difícil imaginar que isso seja possível, mas passei toda a minha vida de menino e adolescente sem poder ir ao banheiro da escola. Com a cadeira de rodas, eu não cabia em nenhum deles. Na década de 1980, promover a inclusão era algo pouco usual, defendido por entidades assistenciais. Não havia direitos estabelecidos nem consciência social.

Já busquei em mim explicações para essa minha tolerância desmedida com a falta de condições básicas de acesso, mas não cheguei a nenhuma conclusão. Talvez seja a vergonha de precisar de algo diferente, talvez um medo infantil qualquer ou a falta de noção a respeito do meu próprio sofrimento. Nos meus tempos de escola, as discussões sobre diferenças e suas demandas eram muito incipientes ou vistas como desnecessárias. Eu não tinha formação crítica suficiente para saber que o que passava era desumano.

Dessa forma, tudo aquilo que eu não podia fazer ficava guardado para mim mesmo. Chegava em casa, invariavelmente, com dores agudas na bexiga (pessoas com paralisia provocada pela pólio costumam manter suas funções fisiológicas intactas), desesperado por um alívio. Não que houvesse boas condições de acesso em minha casa e eu pudesse trafegar tranquilamente pelos minúsculos cômodos, mas, pelo menos, poderia contar com a ajuda da mãe e dos irmãos, que me amparavam no colo.

Meu intestino era completamente insano. Ora eu sofria de prisão de ventre e precisava tomar medicamentos para regularizar a digestão (o que provocava diarreias absurdas), ora sofria com aqueles piriris habituais em crianças que comem todas as porcarias possíveis. Assim, vez ou outra, eu ficava com as calças sujas.

Os colegas e professores sabiam, é óbvio, que eu não andava, mas apenas isso eles sabiam. Ninguém notava que eu queria brincar durante o recreio, que eu queria passar pelos corredores estreitos da biblioteca atrás de mais um número da coleção Vaga-lume, que eu queria participar das aulas de educação física na quadra poliesportiva, à qual só se tinha acesso depois de vencer vários degraus.

— Não via você em uma cadeira de rodas, via como um aluno que gostava de escrever, que tinha amigos, tudo normal. A gente não atentava para acessibilidade, essas coisas...

Quem me disse isso foi a professora de português Mercedes Mesa, que ensinava redação e me desafiou a desenvolver o gosto pela escrita durante o ensino médio.

Não fui um estudante triste porque não tinha tempo para mágoas. Desde cedo, em casa, escutei que não existia outro caminho para conquistar dignidade, aceitação e conforto a não ser o conhecimento.

Não havia rampas, não havia elevadores, não havia preocupação com portas mais largas. Uma das poucas adaptações que tive ao longo da vida escolar infantil foi uma grande mesa de madeira. Isso porque, durante o período de quase um ano, usei aquele fatídico gesso ortopédico que ia da cintura até o queixo e me obrigava a olhar sempre para a frente. Era impossível olhar para baixo. Por isso, a tradicional carteira da escola não me permitia ter um bom campo de visão e eu não conseguia escrever nem manipular o material. Minha mãe, então, arrumou algum dinheiro, foi à melhor marcenaria da cidade e pediu que construíssem o que foi mais tarde apelidado de "mesão do Jairo".

Ela tinha o dobro da largura das carteiras escolares tradicionais e era bem mais pesada, com cerca de dez quilos. Era também alta para que eu conseguisse enxergar os cadernos sem ter de baixar muito a cabeça. Tinha ainda uma espécie de estojo escavado na madeira, para que minhas canetas não deslizassem e caíssem no chão. Frequentemente, o "mesão" sumia dentro do colégio e era preciso que a turma inteira saísse à caça do cobiçado objeto, que era tomado "emprestado" por professores e alunos que precisavam de um suporte para apresentações e até para pequenas comemorações em sala de aula.

o

Na escola, o maior desafio não era a matemática, o português ou tentar recuperar o tempo que havia perdido por causa dos trabalhos de reabilitação nos hospitais. O maior desafio era conseguir encontrar uma forma menos custosa e desgastante de chegar à sala de aula.

Até os meus quinze anos, minha família morou em um bairro periférico cuja infraestrutura urbana era parecida com a dos rincões da África. Pouco me importava com a falta de rede de esgoto, de posto de saúde, de áreas de lazer. O que me azucrinava eram as ruas de terra, muita terra, que, quando chovia, viravam um lamaçal.

Durante mais de uma década, diariamente, minha mãe tinha de vencer aquela barreira física agressiva – as ruas arenosas – para que eu tivesse igual direito à educação. Às vezes, era preciso atravessar a barreira mais de duas vezes por dia (ida e volta), pois, muito inquieto, eu queria participar de tudo na escola, que ficava a cerca de três quilômetros de casa.

É fácil puxar da memória a imagem de minha mãe, com o suor gotejando no rosto ou encharcada de chuva, enquanto empurrava a minha cadeira de rodas, na época bastante rústica, pesada e desconfortável para nós dois. Com peças maciças, algumas de ferro, outras de madeira, muito larga para uma criança e com rodas que empacavam em qualquer buraco, o veículo era bem complexo de ser manobrado. Penso que, talvez por guardarem essa imagem bem antiga das cadeiras de rodas, ainda hoje me perguntam na rua se "é muito custoso tocar as rodas", se me sinto muito cansado.

Mamãe nunca aceitava as poucas caronas que nos ofereciam, para "não dar trabalho" aos outros, e sempre sorria largamente para aqueles que nos encaravam. Era uma forma de me proteger das perguntas imbecis de sempre: "Ele está doentinho?", "Não tem cura?", "Por que você sai com ele nesse sol tão forte?". O cansaço dela jamais foi motivo para que eu faltasse à aula.

Aquelas duras caminhadas me fazem confundir e fundir frequentemente a minha imagem com a da minha mãe. Éramos uma só pessoa em busca de mais claridade para aqueles tempos difíceis. Ao longo dos anos, tentamos improvisar várias coisas, a fim de facilitar a minha ida ao colégio. Uma dessas tentativas acabou fazendo com que meu pé direito entortasse, e assim ele permanece até hoje.

Eu tinha oito anos e decidimos que eu passaria a ir à escola na garupa da bicicleta de meus irmãos ou de amigos. As bicicletas, então, não possuíam nenhum suporte especial, cinto ou acomodação que me ajudasse a ficar sobre o veículo. Tudo dependia da habilidade do piloto e das forças de meus braços infantis. Em uma dessas viagens, de carona com Maria, grande amiga da família, o veículo atolou de repente em uma barreira de areia, eu perdi o equilíbrio e meu pé foi parar no meio dos raios da bicicleta.

Consigo me lembrar da cena em detalhes, embora mais de três décadas se tenham passado desde então: meu corpo deitado na areia quente, a dor pulsante, os transeuntes se aglomerando para ver a tragédia ocorrida com o "menino aleijado". O pé não se soltava do meio dos raios nem por piedade. Foi preciso que uma boa alma aparecesse com um alicate e partisse todos os raios da bicicleta novinha de Maria.

Fiquei de molho por vários dias em casa para tentar amenizar o inchaço e a roxidão causados pelo acidente. Se minha mobilidade já era limitada, passou a ser praticamente nula, pois o menor movimento me causava dores lancinantes.

Certa vez, quando eu tinha por volta de treze anos, minha mãe quis que me fizessem uma cirurgia reparadora no pé, mas o médico considerou que seria apenas estética, sem nenhum ganho real para minha qualidade de vida.

Por um tempo, para vencer pequenas distâncias dentro de casa ou até a casa de algum amigo, eu usava como transporte uma caixa de madeira, dessas que feirantes utilizam, e até tapetes de pano feitos com retalhos entrelaçados. Os apetrechos não me davam nenhuma autonomia real, mas, em minha imaginação, o tapete era sempre mágico e podia voar, o caixote se transformava em carro de corrida e pouco importava se, na prática, eu tinha de ser puxado por fios de náilon ou por cordas.

A primeira cadeira de rodas tradicional, daquelas que ficam estacionadas em portas de hospitais e são usadas em emergências quando alguém desmaia em empresas, só chegou a minha casa quando eu tinha quase nove anos. Era decorada com um imenso emblema da Legião da Boa Vontade (LBV).

Vez ou outra também apareciam na porta de casa pessoas bem-intencionadas e com ideias mirabolantes sobre como eu poderia obter mais mobilidade. Esses professores pardais inventavam de tudo: cadeiras tocadas a manivela, pesadíssimas, grandes e disformes, cadeiras movidas a bateria de carro, que poderiam dar choques elétricos e tinham pouquíssima autonomia, e até cadeiras movidas a motor de motosserra, barulhentas, perigosas, mas potencialmente um chamariz sem igual para olhares curiosos.

O resultado dessas invenções motorizadas era sempre o mesmo: os instrumentos emperravam e eu, paralisado na rua, ficava ali à espera de ser resgatado por minha mãe ou meus irmãos. Como telefonia celular não era meio de comunicação daquele tempo, às vezes eu permanecia por horas no local até que alguma boa alma conseguisse entender o que o molequinho de pernas secas fazia sozinho estacionado no meio da rua.

Nenhuma invenção ao meu alcance era capaz de me dar naquela época segurança e liberdade. A cadeira motosserra, por exemplo, atingia uma velocidade arriscada para uma criança, cerca de 35 quilômetros por hora, e, com isso, toda a estrutura do veículo ficava instável. Embora eu soubesse do risco dessa velocidade e fosse meio medroso, era delicioso acelerar, acelerar e ter a impressão de estar voando. O barulho era intenso, a trepidação também, mas o gosto de ser olhado como um menino de asas, um moleque audaz, valia o preço. E foram inúmeros os acidentes, as caras no chão.

Entretanto, seguir em frente, querer estar junto de todos e participar de tudo eram sentimentos que nasciam das minhas entranhas. A inquietação e o chamado interno que me alertava para "jamais ficar parado" sempre foram componentes vitais para mim, como o sangue agitando-se nas veias, como as batidas do coração, como o vento que sopra de repente e deixa a alma mais leve.

o

Eu já era adolescente e fazia o ensino médio em um colégio particular – onde era obrigado a ser "um dos melhores da turma" para manter o benefício de uma bolsa de estudos –, quando uma solução mais duradora e confortável para o meu deslocamento ocorreu a uma pessoa bastante improvável.

Alexandre Dória era o garoto mais rico do colégio. Com pouca idade já conhecia muitos países e todos os continentes. Nas aulas de geografia, ele dava show contando detalhes sobre como eram os kibutzim israelenses ou descrevendo as paisagens das savanas, da tundra... Nas aulas de história, falava sobre Egito e Roma com desenvoltura. Às vezes, parecia saber bem mais que os professores. Dória também tinha forte influência sobre a turma, era adorado pelas meninas mais bonitas e namorava todas elas. Além disso, coisa rara, tinha carro próprio e eventualmente dirigia os outros três ou quatro veículos, todos de luxo, da família – até alguns anos atrás, adolescentes interioranos dirigiam sem carteira de habilitação e sem serem pressionados pela polícia.

Ele e eu não tínhamos nenhuma afinidade óbvia além de buscarmos boas notas nas disciplinas de ciências humanas. Pertencíamos a mundos distintos e ficávamos em pontos também distintos da sala de aula: eu, na ponta direita, bem à frente; ele no canto esquerdo, bem ao fundo. Para mim, ele não passava de um garoto riquinho; para ele, eu muito provavelmente era o aleijadinho.

Certa vez, quando eu saía da escola e tocava a minha cadeira pelo meio da rua (pois calçadas nunca foram o forte da minha pequena cidade), parou ao meu lado uma camioneta das mais modernas e luxuosas, de cor azul, com cabine dupla, vidros escurecidos e motor que rugia alto – tinha até "botão de turbo".

— Jairo, você quer uma carona? Eu te levo em casa!

Era o Dória, acompanhado de Marquinhos, seu inseparável amigo, dentro do veículo. Estavam risonhos, ofereciam um olhar de gente boa, de cordialidade verdadeira. Seguindo a "tradição" de casa, porém, rejeitei a ajuda e agradeci.

— Valeu, mas não precisa, obrigado...

— Então a gente vai te acompanhando devagarinho até lá...

E foram seguindo ao meu lado, até que me rendi à carona. Fiquei deslumbrado com o carrão e aproveitei como pude a viagem naquela espaçonave. Tinha consciência de que demoraria um bom tempo até que tivesse outra experiência semelhante.

— Amanhã cedo, venho te buscar antes da aula. Não saia, que vou estar aqui no horário.

E todos os dias, durante vários meses, o rapaz rico me conduziu de minha casa até a escola, da escola até minha casa e, mais do que isso, ele mesmo me colocava no banco da camioneta, que era bem alta, guardava minha cadeira e puxava papo de amigo durante o percurso.

Dória nunca me pediu cola nas provas, nunca me pediu ajuda em algum trabalho, nunca me pediu que fumasse um cigarro, embora fosse fumante inveterado, nunca me pediu que eu desse bom-dia a ele.

Conheci a sua família, a sua casa, a sua rotina e tentava ser o mais discreto possível, para não parecer um oportunista.

Todos ali pareciam gostar da minha conversa, dos meus trejeitos, das minhas histórias, desde aquele tempo tragicômicas.

As caronas eram ótimas, alguns colegas de escola até passaram a me ver de outra maneira: mais bonito, mais legal, mais "na moda". O meu mundo, porém, não era o do Dória. Ele gastava em um tênis e uma calça quase o equivalente ao salário mensal de minha mãe.

— A partir de amanhã, você não vai mais precisar das minhas caronas. Você terá seu próprio veículo e independência para estudar e poder ir aonde quiser — ele me disse um dia.

Era o início dos anos 1990, eu tinha uns dezesseis anos, e a tecnologia voltada a pessoas com deficiência no Brasil era do nível da roda-d'água, mas a família Dória encontrara em São Paulo uma cadeira de rodas motorizada, em forma de triciclo, que mudaria a minha vida.

A cadeira era robusta, sem ser um trambolho. Tinha ampla autonomia – eu conseguia ir e voltar da escola sem ter de carregá-la na tomada elétrica, por uma noite inteira, três ou quatro vezes –, boa velocidade, alcançando até 25 quilômetros por hora, além de ser muito confortável e bonita, toda vermelha e com direito a farol para rodadas noturnas. O nome do fabricante era emblemático: Freedom.

Todos os meus "cavalos de rodas" haviam sido, até então, desconfortáveis, grandes e feitos de materiais que esquentavam muito o meu corpo. Eu não sabia que cadeiras de rodas eram feitas sob medida, assim como um terno de casamento. Elas precisam de ajustes conforme o peso e o tamanho de cada pessoa; a calibragem permite ajustar o centro de gravidade e evitar tombos.

Até os vinte anos, usei apenas cadeiras fora do meu padrão, com medidas que eram ou mais largas ou mais curtas que as que eu necessitava. Eram péssimas, mas ao menos elas me conduziam e permitiam que eu saísse de casa. Nas ruas da pequena Três Lagoas era muito raro ver alguém com deficiência tão grave como a minha. As famílias, como medida de "proteção", evitavam que a pessoa saísse até mesmo para a calçada diante das residências. Seria muita exposição para todos.

Lá em casa, não foi assim. Minha mãe praticamente me obrigava a conhecer o mundo "lá fora", a ganhar independência de qualquer maneira, a não me impor limites, mesmo que as amarras físicas fossem evidentes. Logo, eu sonhava um bocado. Tive cadeiras tão grandes que elas não cabiam dentro de casa. Eram tão pesadas que eu, sozinho, não as tocava por mais de três quadras sem parar um pouco para descansar. Em geral, o assento revestido de um material sintético chamado napa esquentava a ponto de quase queimar minhas pernas.

Capotei também várias vezes com minhas cadeiras, quando os moleques brincavam de ônibus lotado, amontoando-se sobre mim. Elas serviam também de navio e banco de descanso para os colegas de escola, que se empoleiravam sobre os braços de apoio.

Não tenho lembranças de ter me revoltado contra minhas cadeiras, mas me recordo da angústia que me atingia ao precisar ficar do lado de fora das lojas, da casa dos amigos e até das festinhas, já que não conseguia passar pelas portas. Sempre tive noção de que aquele veículo, apesar de desajeitado, me proporcionava alguma liberdade, e isso bastava. Com a chegada da minha "motoquinha" vermelha, a independência adquirida tornou-me ainda mais gente, mais capaz, mais disposto. Deixei de pegar as caronas na camioneta do Dória, mas virei atração pelas ruas por que passava, pois o veículo era alvo de infinita curiosidade.

Dória nunca me disse que tinha pena de mim, muito menos que me achava um exemplo de vida ou que queria ser meu grande amigo para todo o sempre. Para ele, ajudar a melhorar o meu dia a dia parecia ser algo que fazia parte natural de sua essência. Ele tinha muito dinheiro, podia promover algo bom para mim e assim fazia.

Parte dos meus amigos estranhou aquela aproximação e dizia que eu havia aderido ao estilo do garoto rico e mimado. Não sei como isso teria sido possível. Usava as mesmas calças puídas de brim, não ia para as baladas com ele e nunca dividimos segredos. De certa maneira, o que me encantou foi aquela casa cheia de modernidades eletrônicas, as histórias de aventura dos familiares de Dória e as possibilidades que o dinheiro dava a eles e eram tão distantes de mim. Gostava do clima intelectual mantido pela família, que conversava sobre artes, culturas ancestrais, grandes escritores.

O presente motorizado foi fundamental para eu enfrentar um dos maiores desafios da minha vida: mudar de cidade e me virar sem os cuidados de minha mãe e meus irmãos, conseguir fazer uma faculdade com autonomia. Nunca mais revi o Dória, mas ele conseguiu cravar em minha história um capítulo com impacto estrondoso. Até hoje, quem for atrás dos meus passos em Três Lagoas haverá de escutar “causos” da motoquinha vermelha que este *malacabado* conduzia.

Um pouco de maturidade

Foi apenas quando entrei na universidade, entre os dezessete e os dezoito anos, em meados da década de 1990, que me deparei com duas situações até então inéditas para mim: ser visto pelos outros com mais naturalidade e menos curiosidade e ter noção de que eu tinha direitos a serem respeitados e postos em prática.

Antes, considerava tudo um problema estritamente pessoal. Azar o meu se eu era um torto no mundo como o anjo de Drummond. Julgava que apenas com meu próprio esforço, acompanhado de um desgaste físico e emocional gigantesco, conseguiria viver de maneira mais ou menos parecida com a dos outros. Não havia nada que pudesse me vestir de cidadão comum, pois eu era um ponto fora da curva.

Logo na primeira semana de aula na faculdade de jornalismo, colocaram um engenheiro à minha disposição para que eu mostrasse a ele onde enfrentaria os maiores obstáculos físicos para conseguir estudar. Eu era o primeiro cadeirante a frequentar o campus e não havia quase nenhum plano de acessibilidade para o local. Em pouco tempo, parte daquela unidade da Universidade Federal de Mato Grosso do Sul, em Campo Grande, foi se enchendo de rampas, de acessos mais largos, de banheiros acessíveis. Chegaram a fazer uma porta maior na biblioteca e retirar móveis que pudessem comprometer a minha passagem. Os funcionários também foram orientados a me auxiliar, quando necessário. Com o triciclo presenteado pelo Dória, eu me locomovia muito bem do pensionato onde morava até o campus, distantes cerca de quatro quilômetros. Os colegas logo apelidaram os acessos de "rampas do Jairo".

Para um matuto que havia saído do interior do estado, acompanhado apenas de sua cadeira de rodas motorizada, tudo aquilo era sinal de que eu passara a ser visto como alguém que merecia respeito e tinha sua importância. A faculdade me arrumou um trabalho interno para eu poder arcar com as despesas básicas, uma bolsa para pagar os custos de alimentação e ainda sugeriu que eu propusesse mudanças arquitetônicas no campus. Eu era chamado para palpitar sobre a eficácia de alguns modelos de elevadores, a inclinação de rampas e até mesmo a arquitetura de prédios novos. Nos anos seguintes, outros cadeirantes e pessoas com deficiências diversas começaram a frequentar o curso de jornalismo e também outras faculdades.

Foram também as novas atitudes dos outros com relação a mim que começaram a fazer diferença em minha vida. Raríssimas vezes eu era visto como um bicho estranho ou um pobre coitado quando perambulava pelos corredores do campus. Nos mais diversos departamentos da universidade, eu era recebido com naturalidade e atenção. Aos poucos, fui me dando conta de que era possível, sim, seguir em frente sem que tivesse por perto, o tempo todo, algum parente ou amigo. Eu era apenas um jovem universitário que tinha uma condição física diferente e, em alguns momentos, iria necessitar de processos diferentes para conduzir o dia a dia.

Até a visão das garotas a meu respeito era outra. Muitas pareciam não se incomodar nem um pouco com minhas limitações e eram seduzidas pelo meu papo furado, pelas poesias que eu adorava recitar e compartilhar, pelo meu modo de encarar a vida. Logo, eu estava namorando uma das garotas mais bonitas e desejadas do curso, Luciana. Ficamos juntos três anos e com ela conheci prazeres inéditos: o de matar aulas para nos agarrarmos pelos bancos do campus, os estranhamentos dos outros que nos viam juntos, o erotismo e as várias possibilidades do sexo sobre rodas.

Com seus olhos verdes, ela foi uma grande parceira dos momentos de ouvir as canções do Caetano, de gargalhar e de enfrentar os preconceitos, inclusive os da família dela, que demorou bastante para descobrir que eu era gente. Ela certamente colaborou demais para eu compreender que minha condição física não representava muita coisa mais do que era de fato: as pernas finas, o tronco torto...

Os tempos de universidade me apresentaram o olhar da paixão, do desejo, do tesão. Comecei a colocar de lado a síndrome do patinho feio e a me sentir mais encorajado quando duvidavam de minhas potencialidades e capacidades. Pouco me importava se as pessoas achavam que aquele rapaz na cadeira era um "pobre coitado", um "vida triste". Na verdade, eu era, isto sim, um rapaz em plena descoberta de si mesmo.

Não tinha medo de ficar sozinho, de cair na rua, de não ter quem fizesse algo essencial para mim, como lavar minhas roupas ou arrumar a cama. Era tudo uma questão de buscar adaptações possíveis, de conversar, de procurar aliados. Minha carapaça começava a ficar brilhosa e resistente. Ria de mim mesmo, ria de minhas pernas e das minhas dificuldades. Percebi que, para meu grupo de amigos, havia um potencial de risadas nos entraves que me causava a vida aleijada. Tinha ciência de que o futuro me traria situações muito mais complexas e desafiadoras, como as obrigações da vida adulta, que dependeriam apenas de minhas próprias ações.

Por causa disso, ao escolher o curso de comunicação, tive receio de que eu não conseguisse desempenhar bem as funções próprias a um jornalista. Por mais que eu tivesse conhecimento, traquejo e me destacasse na faculdade, o mercado talvez não desse passagem à minha cadeira de rodas da maneira natural com que eu sonhava. Só segui em frente porque os professores do curso insistiram comigo que tudo daria certo e que meus medos não faziam sentido. Haveria muitos perrengues, mas um corpo desarranjado não poderia entravar um talento promissor.

O jornalista Eron Brum, com ampla experiência profissional e um dos principais repórteres da *Tribuna de Santos*, foi uma das pessoas que me estimularam:

— Você pode ser um grande jornalista e fazer o que bem entender na profissão. Não pode desistir agora, tem de seguir em frente.

No final de 1998, aconteceu a cerimônia de minha formatura, em um teatro que tinha o nome de Glauce Rocha, a atriz do filme *Terra em transe*, de Glauber Rocha. Cada um dos formandos da minha turma havia escolhido uma música que simbolizaria para eles a importância daquele momento. Eu entrei, com minha mãe empurrando minha cadeira de rodas, ao som da canção "Adeus, dias doidos", completamente desconhecida daquela plateia, mas que era cantada pela família Espíndola, cuja representante mais famosa é Tetê Espíndola. A letra dizia assim: "Adeus meus ais saídos/ Dos dias doidos/ Dias doídos, adeus/ Há dias só dias sadios/ Há dias só dias sábios/ Dias doídos, adeus".

O público que acompanhava a formatura delirou e aplaudiu como se eu e minha mãe fôssemos astros. Os colegas se emocionaram, os professores ficaram em pé e até o reitor demonstrou sentir certa emoção. É claro que, entre aquelas centenas de olhares na plateia, vários me miravam como se eu fosse um daqueles famigerados "exemplos de superação" que tanto se espera que sejam as pessoas com deficiências.

Com 21 anos, eu encerrava ali uma importante fase de autocompreensão, de amadurecimento das ideias sobre minha própria condição e as possibilidades e impossibilidades concretas de que eu dispunha. Os olhares continuariam cheios de pena, curiosidade e preconceitos, mas eu já me sentia mais maduro para enfrentá-los, ignorá-los, educá-los ou apenas compreendê-los.

o

Eu não estava nervoso, pois era um desejo antigo que se realizava. E era o momento certo. Sentia-me preparado para as rajadas de perguntas, para a curiosidade, e tinha muita lenha para queimar naquela fogueira em que ardia a ansiedade por ensinamentos e a expectativa quanto aos rumos futuros da vida.

Aos poucos, os alunos foram entrando e se acomodando nas carteiras. Vários deles se entreolhavam e se questionavam sobre aquele homem em uma cadeira de rodas, diante da lousa, à frente da turma. Alguns entravam e logo saíam da sala, para conferir se estavam no lugar certo. Eu me divertia com aquilo e respondia com prazer aos que se arriscavam a perguntar se não estavam no lugar errado:

— Sim, sou eu mesmo o professor. Pode se acomodar, que daqui a pouco vamos começar a aula.

Eu havia me mudado para a capital paulista e trabalhava na *Folha de S.Paulo*. Não era a minha primeira experiência em dividir conhecimento. Eu dava aulas desde novo, até mesmo para adultos em cursos de alfabetização e reforço, mas ser professor em uma das melhores escolas de comunicação do Brasil, a da Universidade Metodista de São Paulo, era algo que me emocionava e me trazia uma responsabilidade inédita.

Os alunos que me viam pelos corredores ou na cantina da escola imaginavam estar diante de um estudante com deficiência, nunca de um professor. Prova disso era que, não raramente, me incluíam em conversas nas quais torpedeavam alguns de meus colegas de ensino. Era uma situação embaraçosa e, ao mesmo tempo, hilariante. Para a universidade, minha presença representava uma conquista inclusiva da instituição, uma maneira de mostrar à comunidade acadêmica que a escola professava uma filosofia de pluralidade. O que pesou verdadeiramente na minha contratação, porém, foi o fato de eu trabalhar na grande imprensa e ter experiência e paixão pelo jornalismo diário.

Com as turmas novas, eu tinha uma disposição tremenda para tentar impressionar os alunos logo de cara. Na minha cabeça, isso era necessário para que eles tirassem, rapidamente, o foco de minha condição física e passassem a atentar para o conteúdo das aulas.

Dessa forma, relatava a eles as principais coberturas que eu havia realizado, as reportagens complexas em que tinha trabalhado, como a que me levou a procurar meninas brasileiras que se prostituíam em clubes escondidos em matagais de Cobija, no interior da Bolívia.

Minha tática, geralmente, funcionava. Mesclava relatos de importantes coberturas noticiosas que haviam mobilizado toda a redação com provocações éticas, gracejos e propostas de novas concepções de mundo. Também era severo na correção dos trabalhos dos alunos. Tive quem me odiasse, questionasse minha rigidez na cobrança de resultados, mas dezenas de futuros jornalistas acabaram por se aproximar bastante de mim. Vários deles se tornaram meus amigos.

Por mais que eu tivesse claro que a minha condição física e as barreiras de acesso e inclusão que sempre enfrentei não eram, de maneira nenhuma, tema para as minhas aulas, abordar isso era inevitável. Os próprios alunos vinham até mim, sem pudores, com propostas de reportagens sobre os mais diversos aspectos da vida das pessoas com deficiência ou então sobre direitos civis, cidadania e situação das minorias, temas que sempre me cativaram.

Por fora, eu mantinha o pulso enérgico, com exigências e cobranças que impunham mais e mais dificuldades para as reportagens. Por dentro, sentia um orgulho danado de poder passar àqueles jovens, de uma forma indireta, uma mensagem de otimismo e uma visão de mundo com novas possibilidades.

A experiência como professor reservaria para mim um momento de cinema, uma oportunidade para que eu revisse num relance a minha trajetória personificada em uma garota chamada Maria Paula.

Era o primeiro dia de aula do semestre e o meu primeiro encontro com uma nova turma de calouros. Tentar criar de imediato uma empatia com a classe era fundamental para obter respeito e atenção dos alunos até o final do ano. Por isso, eu me concentrava, preparava um roteiro lúdico e empolgante sobre a arte de construir frases e tinha na ponta da língua respostas para as perguntas básicas de jovens que se deparavam pela primeira vez com o aprendizado do jornalismo: "Vou viajar muito?", "É verdade que o editor muda tudo o que a gente escreve?", "O jornal em que o senhor trabalha é petista?", "Tem que gravar as conversas?".

Todo o meu suposto preparo, porém, caiu por terra logo que entrei na sala e me deparei com uma garota de traços finos e delicados, olhos claros e aparentemente tímidos e um ar de modelo de passarela. Além de todas essas características que puxavam a atenção do meu olhar, Maria Paula era cadeirante.

Perdi o fio da meada quando vi a garota. Era incontrolável em minha cabeça o rodopio de pensamentos a respeito daquela cena um tanto insólita em que um professor em uma cadeira de rodas daria aulas para uma aluna também cadeirante, tendo como cenário uma conceituada faculdade de comunicação.

Qual teria sido o percurso de vida dela até aquele momento? Estaria o mundo de fato mudando e tornando-se mais inclusivo, mais receptivo com o diverso? Será que ela estava tão emocionada quanto eu? Se um "quebrado" em sala já causava burburinho, como seria com dois?

Maria Paula perdeu parte dos movimentos em decorrência de uma doença congênita rara. Corrigi o seu primeiro texto com a severidade de alguém que corrigisse a prova de redação da Fuvest e com a doçura de um pão de mel. Tinha de encorajar aquela garota. Tinha de lhe mostrar que, se ela enfrentasse as rajadas de olhares tortos, as chances de seguir bem adiante aumentariam.

A situação pouco convencional – não era um encontro entre quebrados numa rua, na porta do Hospital das Clínicas ou numa loja de apetrechos de acessibilidade – marcaria para mim o início de uma visão mais otimista da sociedade em relação a dar, de fato, oportunidade a todos.

Gosto de pensar que Maria Paula tenha trilhado caminhos menos esburacados por preconceitos e empecilhos da ignorância que os que eu tive de atravessar para conseguir chegar à faculdade, à praça, à festa ou aonde bem entendesse. É gostosa a sensação de imaginar que algo mudou no comprometimento da sociedade com as diferenças e que, cada vez mais, será comum ver um professor, um astronauta ou um médico exercendo sua carreira a bordo de uma cadeira de rodas, ou puxado por um cão-guia, ou usando um aparelho no ouvido ou com outra *malacabação* qualquer.

Olho no olho

Recém-formado, eu morava em um puxadinho sem acessibilidade, um espaço improvisado no fundo da casa de um casal de idosos em Campo Grande. O aluguel era barato e, apesar das complicações, eu conseguia me deslocar razoavelmente bem pela cidade atrás de um emprego.

Tentei de tudo – TV, jornal, assessoria de imprensa –, mas a resposta que recebia era sempre semelhante:

— Seu currículo é bom, mas a nossa redação não tem condições de receber pessoas como você...

— Trabalho aqui no térreo, não tem problema — rebatia eu, sem sucesso.

Era extremamente frustrante ter estudado quatro anos para, no final, ser barrado por uma escada na porta de um emprego. Meus colegas de turma já tinham todos se arranjado, mas eu precisava fazer bicos como professor a fim de pagar as contas. Do ponto de vista emocional, foi um momento bem difícil, parecia que o peso de minha cadeira de rodas tinha triplicado e eu só via uma saída: fazer o caminho de volta para a casa de minha mãe, no interior, antes que começasse a passar por dificuldades para sobreviver.

Porém, um telegrama deixado à porta da minúscula casa em que eu morava, em abril de 1998, mudaria a minha vida para sempre e me colocaria diante de olhares totalmente diferentes dos que eu havia encontrado até então.

Telegramas são hoje artigos de museu, mas naquela época eram um meio eficaz de transmitir notícias urgentes. E-mails e celulares ainda estavam longe de ter a importância que têm agora. O telegrama trazia uma mensagem sucinta, com duas ou três linhas. Eu havia sido selecionado para as "semifinais" do Programa de Treinamento da *Folha de S.Paulo*. Era uma notícia surpreendente para mim. Qualquer recém-formado em jornalismo sonhava com a oportunidade de poder trabalhar no grande jornal e estar próximo à nata da imprensa do país. Eu tinha 23 anos e uma chance, ao lado de outros 200 jovens talentos, de conquistar uma vaga. Cerca de dois mil pretendentes tinham sido eliminados do páreo final.

O processo que me colocou nessa panela de pressão foi curioso e teve a colaboração de forças que escapavam ao meu controle. A inscrição para o concurso, na ocasião, era feita por meio de um extenso questionário que deveria ser preenchido à mão e enviado para a sede do jornal. Quando me dei conta, já era o último dia para a postagem da inscrição e não havia sobrado nenhuma ficha no departamento em que eu fazia bicos, na universidade. Teria de esperar mais seis meses até aparecer nova oportunidade.

— Toma. Dou a minha ficha para você. Eu não vou passar, você sim.

Graziela tinha sido minha caloura na faculdade de jornalismo. Era doida de pedra, muito solícita e querida amiga de baladas. Ela enxergou longe ao me entregar a ficha da *Folha*.

— E pode deixar que eu mesma levo o envelope aos Correios para você.

Mas Grazi foi embora e esqueceu-se de levar a ficha. Campo Grande é uma cidade de ruas largas, calçadas amplas e distâncias longas para cadeirantes. Os deslocamentos, para mim, eram sempre muito complexos. Não havia como eu chegar a uma agência de postagem. Então, o telefone tocou. Por uma dessas razões inexplicáveis da vida, Grazi tinha mesmo de fincar o pé na minha história. Ela me disse:

— Jairão, eu tô voltando para buscar o treco que eu esqueci, meu! Rapidinho estarei por aí.

°

Em São Paulo, fiquei uma semana em mais uma etapa de afunilamento na *Folha*, até chegar aos dez ungidos da 27ª turma de treinamento, coordenada pela jornalista Ana Estela de Sousa Pinto, com quem tive de aprender a ficar "em pé" na marra para sobreviver na selva da grande imprensa.

Nos três meses de treinamento, vivi no que chamo de "hotel dos vampiros", em uma rua degradada do centro de São Paulo, a poucas quadras do jornal. Para chegar ao meu quarto, o único que eu conseguiria pagar, era preciso o auxílio dos porteiros, das prostitutas e dos nigerianos que moravam por ali em cubículos com roupa de cama rasgada e percevejos. Havia dois lances de escadas para serem vencidos e eu pedia ajuda a quem quer que fosse para vencê-los.

Naquele momento, a condição insalubre não me incomodava, menos ainda a falta de acessibilidade. Estava prestes a me tornar "oficialmente" um repórter do maior jornal do país e qualquer dificuldade do momento parecia mero detalhe diante do que estava por vir.

Embora estivesse exposto como nunca à violência da rua, às péssimas condições das calçadas e ao escrutínio de milhares de pessoas quando eu me aventurava a usar o metrô, eu me sentia seguro como nunca. Eu acreditava que, dali em diante, deveria dedicar-me inteiramente ao ofício do jornalismo para dar um salto de qualidade em minha vida. Iriam se abrir para mim oportunidades inéditas de experimentações, de aprendizado, de visões novas sobre mim mesmo e sobre os outros, bem como novos enfrentamentos e chateações.

Na gigantesca metrópole, eu era apenas mais um *malacabado*, e isso me entusiasmava, pois, até então, eu raramente encontrava um "igual" a mim. Em São Paulo, mais do que em qualquer outra cidade do país, é comum uma pessoa com deficiência trombar na rua com outra pessoa com deficiência.

Pouco a pouco, formei até uma turma de "aleijados" amigos que, juntos, iam ao teatro, ao cinema ou ao bar, para se divertir, mas também para reclamar desse mundo sem condições de acesso. Mais tarde, quando eu usasse a força das palavras para falar no jornal de nossa situação, essas pessoas, com suas observações e ironias, estariam em minha mente – e eu também me tornaria para elas uma referência.

o

— Por que não escolheu uma função mais tranquila na redação? É ruim para você ficar exposto a coberturas assim. É cansativo e pode te prejudicar profissionalmente...

Essas recomendações me foram feitas em um almoço, por um grupo de mais ou menos dez jornalistas de destaque em grandes mídias, no começo dos anos 2000. Estávamos em Boa Vista, em Roraima, buscando informações sobre um escândalo de assalto ao dinheiro público por instituições do próprio estado.

A *Folha de S.Paulo* me escalara para acompanhar o caso, já que eu estava enfronhado no que estava acontecendo e estava bem informado sobre os personagens envolvidos no escândalo. Naturalmente, a minha capacidade profissional se sobrepôs às apreensões dos jornalistas que pretendiam "me proteger" e não me expor a situações típicas da profissão, como viagens para grandes coberturas, entrevistas na rua, investigações complicadas que exigem "agilidade".

No trabalho, pessoas com deficiência precisam gastar um bom tempo para convencer os colegas de que existem maneiras diferentes de conquistar resultados e chegar a um mesmo ponto final. Não é preciso muita profundidade de pensamento para concluir que poucas são as atividades em que o estropiamento físico ou sensorial pode afetar completamente o desempenho profissional. Além disso, a evolução tecnológica tem reduzido cada vez mais aquelas barreiras tidas até agora como intransponíveis.

Uma mentalidade pequena acaba criando um ambiente de trabalho feito de pouca diversidade – um erro grosseiro, pois limita a criatividade de uma empresa, impede que ela produza visões plurais sobre a realidade. Ainda hoje, para cumprir a lei que obriga as empresas a ter um percentual de *malacabados* em seu quadro de funcionários, algumas delas recorrem à contratação do chamado "deficiente perfeito", pessoas com *malacabações* bem discretas, quase imperceptíveis, o que, para as companhias, parece resolver o problema. E assim fica cada vez mais distante o ideal de tornar as sociedades, de fato, mais inclusivas e justas.

No jornalismo, a perspectiva de haver um repórter cadeirante, em um primeiro momento, é algo estranho, inclusive para os próprios colegas. Era, então, legítima a discussão naquele almoço em uma peixaria de Boa Vista a respeito de uma "vida mais tranquila para o cadeirante". A cada espinha retirada do peixe, surgia uma nova expressão de espanto por eu estar ali, como um estranho.

A chamada Operação Gafanhoto realmente me deu muito trabalho. Ora eu tinha de estar embrenhado em relatórios da Polícia Federal, ora precisava ouvir testemunhas usadas como "laranjas" daqueles que faziam os desvios da verba pública. Era necessário ainda registrar os questionamentos do Ministério Público e as desculpas dos suspeitos no caso. Eu circulava de um lado para outro, incansavelmente.

Fiquei na capital roraimense durante quase um mês, sempre em busca de informações exclusivas. Consegui grandes reportagens, bons "furos", como se diz no jargão jornalístico, e cumprimentos da chefia pelo trabalho desenvolvido.

Um velho amigo tem uma explicação interessante para justificar meus feitos na profissão, como conseguir entrevistas com personagens que dificilmente abrem a boca para outros jornalistas:

— O entrevistado imagina o trabalho que o Jairo teve para chegar até ele: pegar o avião, ser carregado para dentro de um táxi, enfrentar vários obstáculos com a cadeira de rodas... Como vai negar a ele uma entrevista, um documento ou uma história exclusiva?

Sempre estive ciente de minhas desvantagens profissionais e o tempo todo planejei maneiras de driblá-las. Para mim, nunca se tratou de uma questão de superação, mas de cumprir o meu trabalho, de honrar o que me pagam para fazer. Reconheço, todavia, que nem sempre os olhares de piedade lançados sobre mim tiveram efeitos negativos. Às vezes, eles ajudaram a abrir portas, gavetas, gravações, declarações e confissões sobre supostas verdades.

Toda mistura entre questões laborais e pessoas com deficiência dá margem a interpretações enviesadas e olhares obtusos, carregados de conceitos errados sobre a capacidade de um cego, um surdo ou um paralisado cerebral desenvolver uma atividade profissional.

É difícil imaginar que haja outras formas, além das costumeiras, de produzir um mesmo produto, de chegar a um mesmo resultado. Se as deficiências tiram algumas habilidades, geralmente estas são compensadas por outras capacidades, que ficam muito apuradas e podem até, em algum nível, equilibrar a perda física ou sensorial. A natureza não seria tão perversa. Assim, o profissional cadeirante pode sobressair, por exemplo, em funções que exijam mais atenção ou paciência; uma pessoa com deficiência visual pode executar tarefas minuciosas, que exigem destreza e concentração, como tocar instrumentos musicais ou fazer programação de computadores.

É claro que nada disso é regra. É apenas uma constatação empírica. Nenhuma inabilidade, por si só, "credencia" um *serumano* para nada, assim como não pode desabilitá-lo de maneira cabal.

Meus colegas de Boa Vista viam em mim apenas um sujeito quase imóvel, rodeado de mil dificuldades, como se eu fosse um aprendiz na profissão e estivesse ali somente para experimentar ares novos ou curtir uma aventura, e não tivesse capacidade de ser um profissional completo.

No início da minha carreira, os entrevistados sempre lançavam olhares de dúvida a meu respeito, como se perguntassem para si mesmos se eu era, de fato, o repórter do jornal, se eu estaria apto, realmente, a levar adiante determinada reportagem e mesmo se valeria a pena revelarem para mim algum fato desconhecido do caso. Em entrevistas coletivas, houve também colegas jornalistas que prestavam mais atenção ao meu esforço de alongar o braço e manipular o gravador do que às respostas do próprio entrevistado. Por outro lado, também encontrei pessoas que me ajudaram a ficar em posição mais cômoda nas entrevistas ou que colocaram o meu gravador mais perto do entrevistado.

Em meu trabalho na *Folha*, tive de trocar olhares com autoridades públicas, com administradores de cidades, estados e organizações. Mesmo essa gente, que teoricamente deveria estar aberta à multiplicidade dos agentes sociais, espantava-se ao saber que o repórter era eu, a bordo de uma cadeira de rodas.

Houve exceções, pessoas capazes de lançar-me um olhar mais profundo e menos estigmatizante, como ocorreu uma vez, em 2003.

A então prefeita de Florianópolis, Ângela Amin, enfrentava uma situação calamitosa na cidade. Havia quatro dias que um blecaute provocado por uma ruptura dos cabos de energia que levavam eletricidade do continente para a ilha assolava a maior parte da capital catarinense, causando muito transtorno à população. Ângela resolveu me dar uma entrevista para falar sobre as medidas a serem adotadas, sobre o sentimento de desolação com tantos prejuízos, pois, além da falta de luz, havia também falta de água, que dependia da eletricidade para ser bombeada.

O gabinete da prefeita ficava no segundo andar de um prédio bem antigo, sem elevador. Por isso, para que eu pudesse entrevistá-la, ela ordenou que fosse montado um gabinete provisório no térreo, bem perto da entrada principal da prefeitura.

O cenário não era importante para a conversa, mas intimamente eu me senti lisonjeado e respeitado, ainda que tudo isso tivesse sido feito também em razão de eu trabalhar na *Folha*. Apesar da gentileza, eu não poderia deixar de questionar duramente a prefeita a respeito da situação dramática da população.

Famosa por seu estilo muito severo, de poucos sorrisos, a prefeita chegou ao gabinete improvisado com o semblante sério e abatido. Não esboçou nenhum estranhamento diante da minha condição de cadeirante. Apenas me estendeu a mão para um cumprimento e iniciamos a entrevista, que ela encarou com firmeza. Quando eu fazia as últimas perguntas, porém, a prefeita desabou. Começou a chorar copiosamente pelo drama vivido pela cidade, pela imagem de sujeira e abalo que a capital, uma das mais bonitas do país, estava transmitindo ao mundo.

Não é fácil explicar por que aquela mulher "durona" se entregou às lágrimas diante de uma pessoa que ela nunca tinha encontrado antes. Mas suspeito que tenha identificado a minha fragilidade ali, na cadeira de rodas, passando por todas aquelas dificuldades que a situação impunha à cidade, com a dela, que, naquele momento, se sentia impotente e responsável pela dor de todos.

Quando a entrevista acabou, Ângela me deu um abraço, pediu que eu voltasse sempre a Floripa e disse que no futuro eu escreveria reportagens muito mais positivas sobre as belezas da cidade. Até hoje, Florianópolis não é um exemplo de acessibilidade, mas guardo pela ilha um grande carinho.

Bem distante do sul do país, ocorreu, em outro momento, um encontro mais insólito. Atrás de informações sobre uma rede de prostituição de adolescentes, desembarquei, no final de 1999, em Teresina, no Piauí. Depois de fazer muita pressão para ser recebido pelo então governador do estado, Francisco de Assis Moraes Souza, o Mão Santa, uma entrevista foi marcada. Ele falaria sobre a exploração de meninas no interior piauiense que a reportagem havia flagrado. A prostituição de crianças e adolescentes ainda hoje é uma vergonha nacional – fiz várias reportagens sobre o tema.

Em Teresina, como é típico, o calor estava de matar, e cheguei um pouco mais cedo para a conversa. Com um pouco de atraso, Mão Santa apareceu acompanhado de assessores. Passou pela antessala onde eu o aguardava e não titubeou em disparar:

— O que esse rapaz está fazendo aqui? Encaminhem ele para a assistência social!

Um silêncio constrangedor tomou conta do lugar, até um dos assessores reagir com um sorriso sem graça:

— Ele é o repórter da *Folha*, governador...

A entrevista acabou sendo desmarcada, na hora, com a justificativa de que Mão Santa estava com "problemas de agenda". Também desistiram de me levar até a assistência social, felizmente. Mais tarde, acabei sendo recebido por um secretário de estado qualquer.

Em 2013, com o prefeito de São Paulo, Fernando Haddad, não houve cancelamento da entrevista, mas senti que ele ficou um tanto perturbado com a minha presença na inauguração de um centro de apoio às pessoas com deficiência, na zona sul da cidade.

Eu havia escrito algumas reportagens sobre o calçamento constrangedor da capital, sobre a Lei de Cotas e sobre outros temas relativos a São Paulo e aos deficientes. Aquela poderia ser uma boa oportunidade para tratar com o prefeito das diversas demandas sociais desses cidadãos. Além disso, um de seus compromissos de campanha era fazer uma gestão mais inclusiva e atenta à diversidade. Por isso, tinha combinado antecipadamente com a assessoria uma entrevista com Haddad.

— O prefeito vai dar uma palavrinha com você assim que terminar o evento. Fique atento — disse o assessor.

Meu incômodo foi total. Eu não queria uma palavrinha. Queria entrevistá-lo longamente, saber de projetos, de investimentos, de iniciativas. Mas, se o que estava à mão era "uma palavrinha", eu teria de me contentar com isso.

O prefeito parecia entediado quando se aproximou de mim, mas imaginei que fosse devido ao calor e ao burburinho causado pelo grande número de pessoas que lotavam o lugar.

— Fala, querido, o que você quer saber... — disse ele, que ficou o tempo todo em pé na minha frente, posição muito incômoda para um repórter cadeirante, pois me obriga a alongar o pescoço. Além do mais, isso deixa o entrevistado em posição de superioridade e não permite uma conversa "olho no olho".

Por sinal, não cheguei a ver os olhos dele. A atenção do prefeito estava toda voltada para o que acontecia ao redor de nós, para as pessoas que passavam por perto e recebiam dele cumprimentos ou apenas sorrisos. Haddad respondeu às minhas questões de maneira retórica e vaga. Demonstrava estar com pressa e parecia ter interesse quase zero na entrevista. Ao perceber que eu não obteria nada substancial, apressei o final, agradeci e cravei em minha mente aquele olhar meio esnobe, meio protocolar.

É comum que situações como essa ocorram entre jornalistas e autoridades. Mas tive a impressão de que, durante aquela conversa, eu fora olhado como um estorvo, não como o jornalista da grande imprensa.

O olho no olho ajuda a captar com mais precisão as intenções, as emoções, as dissimulações e os atalhos que o entrevistado toma para fugir da verdade. E, se há uma desvantagem em fazer jornalismo a bordo de uma cadeira de rodas, é ser olhado o tempo todo do alto pelo entrevistado, caso ele não procure se situar numa altura equivalente. Quando se mantém numa posição física superior, o entrevistado acaba produzindo sobre o jornalista certa opressão e, mesmo que não seja seu intuito, transmite uma impressão de descaso pela pessoa que tem à frente – e abaixo de si. É uma superioridade desconfortável e deselegante.

Quando se tem uma deficiência, é extremamente necessário tentar impor condições de igualdade em um diálogo, profissional ou não. Pessoas com nanismo, por exemplo, encaram sérios desafios ao longo da vida justamente por serem olhadas de maneira opressora. Não raro, elas são tímidas, enfrentam problemas psicológicos e têm dificuldades para desfrutar da cidadania de maneira completa. Para poder exercer com profissionalismo as tarefas que nos competem, é fundamental evitar que se imponha ao olhar do outro uma imagem dependente ou fraca de nós mesmos.

o

A mensagem deixada no meu mural do Facebook era esta: "Querido neto do coração, vi neste final de semana uma cena que você vai amar. Tenho certeza que vai te render uma belíssima reportagem. Vou te contar tudo, me escreva. Vó Sue".

Por eu frequentemente tratar de temas que envolvem a velhice, dezenas de leitores passaram a me enviar cartas autodeclarando-se meus “avós”. Sue era uma delas. Moradora do interior de São Paulo, com setenta e poucos anos, dedicava especial atenção ao jornalismo porque um de seus netos verdadeiros atuava nessa área. Assim, era aguçado nela o faro jornalístico, a capacidade de saber o que pode virar uma grande notícia, característica presente em repórteres de destaque.

Vó Sue havia enxergado para mim uma história que acabou rendendo repercussão nacional: a festa de formatura, em 2013, de Marco Aurélio Condez, na época com 26 anos, e seu pai, seu Manuel Condez, com 60 anos. Minha informante não tinha nenhuma relação com os dois, apenas estava presente no momento da cerimônia que havia emocionado os convidados.

Vítima de paralisia cerebral severa – que deixou sequelas marcantes no corpo, restringiu os movimentos dos braços e das pernas, afetou gravemente a fala, mas deixou sua capacidade intelectual totalmente preservada –, Marcão havia feito os quatro anos de jornalismo na Universidade São Judas Tadeu, em São Paulo. A faculdade ficava a 17 quilômetros da casa onde morava, mas ele contou com o apoio do pai, que assistiu a todas as aulas e participou de todos os trabalhos como ajudante do filho.

Não precisei de muitos detalhes da Sue para saber que, sim, eu estava diante de um caso que mexeria com a emoção de muitos leitores. Marquei, então, uma conversa com a dupla, na casa deles, na zona norte de São Paulo. Preparei um roteiro de perguntas, de suposições sobre aquela história, e fui ao encontro dos dois.

Não nego que eu tenha certa vantagem para abordar temas relacionados a pessoas com deficiência, afinal, falamos a mesma língua com diferenças apenas no sotaque. Por isso, fico à vontade para ouvir as piores desgraceiras e entender como foi possível trilhar caminhos que pareciam impossíveis na avaliação dos outros. Devido a boa dose de experiência própria, conheço bem os desafios que a pessoa enfrentou e ainda enfrenta, conheço bem a maneira como é tratada na rua, na escola e em sociedade, conheço também as condições de que foi privada para encenar sua história de vida, conheço ainda muitas de suas dores, os preconceitos que sofreu, as oportunidades que perdeu.

A rua onde viviam Marcão e Manuel era íngreme, e a entrada da casa não poderia ser considerada acessível. O motorista do táxi e eu começamos a divagar, antes mesmo de ele estacionar, sobre os desafios que seria necessário vencer para, todos os dias, seguir por aquela via até chegar à faculdade.

Manuel me recebeu com um sorriso paternal, mas que parecia também o de uma pessoa que acabara de ganhar uma grande fortuna. Estava satisfeito com o fato de o esforço do filho ter sido reconhecido e também com a possibilidade de um cadeirante como eu trabalhar como jornalista. Por causa da minha trajetória, ele vislumbrava também para Marcão um futuro viável.

— Mas lá na *Folha* você faz de tudo mesmo? Que maravilha! O mundo está mudando, não é? — exclamou.

Rechonchudo, bonachão, careca, de sorriso ora tímido, ora esperançoso, usando óculos com armação pesada,

Manuel me mostrou a casa modesta, contou um pouco da rotina da família e me acomodou na sala, diante de Marcão, que mexia no computador. O rapaz virou-se para mim, deu uma risada, como se fôssemos amigos de longa data, e eu perdi toda a firmeza de quem sabe que as diversidades humanas estão aí e não são nenhum bicho de sete cabeças para serem vencidas, que cada um tem seus desafios de existir e alguns são premiados com cargas mais pesadas de serem puxadas. Mas, de fato, fiquei momentaneamente comovido com as figuras aguerridas e, ao mesmo tempo, frágeis de Marcão e seu pai. Construí em segundos na cabeça uma história em que ele e o pai eram respeitados e logravam êxito na empreitada de ser gente.

As pessoas com paralisia cerebral costumam ter o maxilar ligeiramente torto. Marcão não era assim. Era um sujeito bonito, de cabelos escuros e barba bem aparada. Parte do que ele falava eu só compreendia com a ajuda do pai, que não escondia a adoração que sentia pelo filho.

Manuel e Marcão tinham criado uma sintonia completa. Um era o complemento do outro, e nada mais natural que fizessem os quatro anos de faculdade juntos, com Manuel sendo seu intérprete, abre-alas, facilitador, segurança, empurrador, assistente, amigo e instrumento de ação do próprio filho.

— Ele é meu filho, Jairo. Faria tudo de novo por ele, sem pensar duas vezes. E tudo o que fiz ainda foi pouco. Ele merece mais.

Marcão marejou os olhos de um lado, Manuel deixou escapar uma porção de lágrimas e eu tive de conter na marra um soluço sentido. Mais que uma entrevista, aquele encontro juntou vários elementos num caldo humano de afeto, denso e forte, capaz de tirar o repórter mais preparado da rota da objetividade.

Era apenas o início da entrevista. Tomamos umas três xícaras de café e, já recompostos, conversamos por três horas. Ouvi todos os detalhes sobre o percurso de pai e filho, os perrengues que enfrentaram, os modos que encontraram de tornar tudo possível.

Foi então que a cena deu uma guinada: a dupla começou a me entrevistar. Queriam saber se o motorista ajudava com a cadeira de rodas, se, no jornal, eu tinha liberdade para trabalhar, se eu conseguia participar de todos os tipos de cobertura. Poucas vezes no jornalismo senti que estava fazendo uma troca justa de informações. Geralmente, o repórter apenas extrai as histórias dos outros e vai embora, às vezes sem nunca mais retornar para saber o que ocorreu depois.

Em nenhum momento tive pena do Marcão, mas me angustiava imaginar que ele teria de matar um leão por dia e depois um tubarão, um crocodilo, um rinoceronte para conquistar sua cidadania plena. Para ser jornalista, ele teria de encarar o dobro de enfrentamentos que eu havia encarado. Mas também tive um sentimento de realização. Marcão era a síntese da ideia de que "tudo é possível", quando são dadas as oportunidades e as condições adequadas, como eu tenho defendido. A reportagem sobre a dupla causou tanto impacto que Marcão foi convidado para ser blogueiro do site do *Globo esporte*, da TV Globo. Escreve sobre esportes e ainda conta com o pai para fazer entrevistas, chegar aos locais de reportagem e abrir as portas para sua passagem. Com o auxílio de um programa de computador, consegue escrever e se comunicar com pessoas em todo o mundo. Certamente, ele já tem em curso um plano para "aposentar" o seu Manuel. Não que o pai deseje descansar, mas é que Marcão tem olhos no futuro e sabe que pode ir sempre além.

°

— A gente queria que você fosse fazer uma entrevista com aquele ex-BBB, o Fernando Fernandes de Pádua, que acabou de sair do hospital de reabilitação — pediu o editor do caderno "Cotidiano", da *Folha*.

Fazer tal reportagem era, para mim, o equivalente a chegar à beira de um precipício, no fim do mundo. Que utilidade teria para o leitor uma entrevista com um playboy idiota que tinha participado de um programa tosco de TV?

Mas fui em frente. Peguei a minha flanela para tirar a poeira da história do Fernando Fernandes e me debrucei nos detalhes da trajetória do rapaz boa-pinta, que tinha arrasado corações no passado e, agora, quebrado, iria me receber para dizer como a vida é dura, injusta e chata para um cadeirante.

E foi meio entediado que cheguei à casa de Fernando, na zona sul de São Paulo, acompanhado da fotógrafa Marlene Bergamo, certamente uma das melhores do Brasil. Imaginava encontrar um cidadão deprimido e choroso, com um tubo de soro em um dos braços e uma foice no outro, bradando contra as injustiças da sociedade e do destino.

— O Fernando está terminando o banho e já vem. Vocês podem esperar um pouco? — perguntou a mãe do ex-BBB, uma mulher bonita, elegante e segura, que estava recebendo o filho como morador de sua casa mais uma vez, após o grave acidente automobilístico que o deixara paraplégico e usuário de cadeira de rodas.

Passaram-se quarenta minutos e nada. Eu começava a ficar impaciente, mas decidi ser tolerante com o atraso, já que o rapaz era novo no negócio de tomar banho sentado e se vestir sem se levantar. Por fim, Fernando, com 28 anos naquela época, chegou, sorridente, com o cabelo cuidadosamente penteado, vestindo uma roupa esportiva e, o mais importante, disposto a dar uma entrevista que ajudasse a mudar a sua imagem de subcelebridade de *reality show*.

À medida que ele fazia um relato contundente e sem rodeios do acidente ocorrido em 2009 e da vida de cadeirante, meus prejulgamentos sobre Fernando começaram a ruir e a conversa quase descambou para um tricô de comadres. Mirando-se na minha experiência de comer o mesmo pão amassado que ele começava a deglutir – a carência de acesso, de inclusão e de respeito –, ele se sentiu à vontade para falar de qualquer assunto que interessasse aos leitores.

Antes do acidente, o ex-BBB, bonito, atlético e *bad boy*, aparecera em revistas ao lado de modelos internacionais, beijando atrizes famosas. Na minha frente, porém, estava alguém que não tinha receio de confessar que ainda não havia se habituado a usar um cateter para conseguir urinar (pessoas com lesão medular podem perder o controle natural das funções fisiológicas e precisam reaprender a dominá-las), que estava reconstruindo sua vida sexual e que sabia que dificilmente iria voltar a andar.

Em nossa conversa olho no olho, na mesma altura (a de nossas cadeiras de rodas), ele confiou em que eu jamais o exporia, nem como um malandro nem como um herói. A reportagem foi publicada em página inteira de uma edição de domingo.

Depois, Fernando tornou-se para-atleta (foi campeão mundial de canoagem por quatro vezes) e voltou a aparecer em programas de TV. Também fundou uma ONG para crianças com deficiência e rodou o mundo. Ficamos grandes parceiros, embora raramente nos encontremos.

o

Eleonora de Lucena, então editora-executiva da *Folha*, era uma chefe muito talentosa, respeitada, mas também muito exigente, que fazia os jornalistas só soltarem a respiração depois que ela passasse por eles, aliviados por não terem levado uma bela bronca e continuarem "vivos". Certa vez, em uma reunião de pauta, quando eu era chefe de reportagem da Agência Folha, ela me deu uma resposta tão atravessada a uma colocação que fiz, que fui dormir com dor de cabeça.

— Não tenho um profissional para fazer essa cobertura, Eleonora. Esse lugar é muito distante — disse eu, ingenuamente, para tentar me esquivar da responsabilidade de arrumar um repórter nos confins do mundo para fazer o relato de um fato que nem sei mais qual era.

— Não me importa o esforço que fará para dar solução ao problema, ele tem de ser resolvido e com urgência, Jairo!

Mas, geralmente, comigo Eleonora era sorridente, à sua maneira, e penso que acreditava em mim profissionalmente.

Mandar uma mensagem para ela sugerindo uma ideia nova beirava o atrevimento máximo. Mesmo assim, eu fiz isso. A *Folha* começava a abrir espaços para os blogs, novas plataformas jornalísticas, de estilo mais livre e que permitiam prestar um serviço mais direcionado ao leitor.

Tinha, naquele momento, centenas de histórias relacionadas à minha deficiência, e meus amigos faziam pressão para que dividisse com o público as situações mais engraçadas e algumas dicas de como sobreviver às exclusões que apareciam durante a vida.

Sugeri, então, a Eleonora um blog bem-humorado, cheio de provocações, capaz de enfrentar os lugares-comuns do assunto, com debates, histórias humanas e permanente interação com os leitores. E foi assim que o blog se firmaria depois como referência em sua área.

Relutava em ser visto como militante de uma causa, como repórter monotemático, o que poderia comprometer a minha capacidade profissional e a minha carreira. "Ele só escreve de deficiências", diriam. Era complicado eu me lançar numa área que fugia das demarcações mais tradicionais do jornalismo – economia, política, saúde, cultura... Por outro lado, havia a possibilidade de eu ser um dos primeiros na grande mídia do país, talvez do mundo, a ter um espaço exclusivo para debater questões a respeito de inclusão, à minha maneira e com uma plataforma poderosa para atrair pessoas.

Não demorou muito tempo para que Eleonora me mandasse uma mensagem de resposta: "Jairo, a ideia é ótima. Vou falar com as pessoas aqui e lhe digo como ficamos".

A velocidade da decisão me deixou animado e surpreso. Menos de uma semana depois, chegou outra mensagem dela: "Jairo, sua ideia tem o nosso apoio".

Comecei o diário digital bastante determinado a mexer com todo o "coitadismo", com os "não me toques", com o assistencialismo, com o caráter de doença, com os medos, com as bobagens que circundam o universo das pessoas afetadas por limitações físicas, sensoriais e até intelectuais. Queria bater o bumbo para dizer que cegos (que apelidei de "puxadores de cachorros", devido aos cães-guia), surdos (que se tornaram "avariados do escutador de novela") e pessoas com deficiência em geral (os "quebrados", os "esgualepados") viviam realidades como as de qualquer pessoa. Daí o título do blog: "Assim como você". Não tinha como proposta inicial entrar no universo das deficiências intelectuais, o que exigiria mais conhecimento empírico ou técnico. Vez ou outra, porém, abordei o tema e apelidei o povo com esse tipo de comprometimento de "tchube", palavra que não quer dizer absolutamente nada.

O blog estreou em março de 2008. Em menos de um mês, eu tinha um grupo gigantesco de pessoas que corroboravam a linha de pensamento que adotei e defendi. Surgiu da parte dos próprios leitores o termo que me rendeu centenas de xingamentos, de ameaças e de passagens gratuitas para o inferno: os mal-acabados ou *malacabados,* como fixei. Até estudos acadêmicos de mestrado e doutorado andaram fazendo para levantar as razões de eu adotar um termo "indelicado" para falar sobre gente "tão especial". As explicações iam da autoinferiorização à revolta aguda com a sociedade.

Em minha cabeça, assim resumo as razões para o escracho: eu queria "causar", eu queria transgredir, eu queria romper com o pensamento que aparta as pessoas e as trata de uma forma tão delicada e cautelosa, que as enche de estigmas e de mentiras. O sabor do afrontamento era tão gostoso e interessante que, mesmo nos textos mais profundos, em defesa do respeito às diferenças, eu era bombardeado por "me atrever a tratar aquelas pessoas daquele modo". A raiva de alguns era o delírio satisfeito da maioria, e a audiência do blog só crescia, os textos repercutiam, eu ganhava novos adeptos e apoiadores. Em pouco tempo, passei a ser visto como um representante, um paladino dos *malacabados* e de seus anseios de renovação de imagem.

Esse tema, que aparecia esporadicamente na imprensa brasileira, foi ganhando musculatura e chamando cada vez mais a atenção. Tanto assim que, dois anos depois, com o sucesso do blog, eu fui convidado a escrever em um espaço ainda mais nobre: uma coluna na *Folha*, no caderno "Cotidiano". Era um lugar em que eu poderia escrever do jeito que bem entendesse.

Uma situação, em especial, muito me encorajou a manter o estilo fora dos padrões tradicionais, além de apostar na interação com os leitores e na inovação de abordagens.

— Sobe...

Segurei a porta do elevador, no qual, além de mim, estavam mais umas quatro ou cinco pessoas. Apressado, entrou Otavio Frias Filho, diretor de Redação da *Folha*.

Ele me olhou e me cumprimentou de maneira bem contida. Pareceu refletir por alguns instantes e, com voz firme, compenetrada, soltou um dos elogios mais importantes que já recebi na vida:

— Parabéns pelo blog e por seus textos. Gosto muito da forma como você escreve. Está ótimo.

A questão ali não era a satisfação de receber um agrado do chefe supremo. Mais que isso, era um reconhecimento, um olhar atento vindo de uma pessoa de quem eu não esperava receber nem um piscar de olhos – afinal, meus textos não tratavam de nenhum grande interesse econômico ou político, mas de pessoas à margem da vida social e da cidadania. O valor daquele afago, daquele olhar, para mim, residiu em um amarrado gostoso de lembrar: desde o dia em que quase não pude estudar por não caber na sala de aula até o dia em que era mimado com o reconhecimento de uma das figuras mais importantes da comunicação no Brasil.

Reza a lenda que diretores de redação em geral não gostam de nada, criticam tudo e acham defeitos nas reportagens mais primorosas, o que me faz considerar o comentário do chefe um grande prêmio de jornalismo.

Não sei se na atitude dele havia o intuito de valorizar uma rara ação social dentro de um ambiente cheio de intrigas, vaidades e tensões, como é um jornal, ou se seu olhar tinha um tom de "olha que bonitinho o que o aleijado faz". O valor simbólico daquele reconhecimento – afinal, são raríssimas as pessoas com deficiência que, até hoje, conseguiram alguma notoriedade no país – foi como um combustível que me estimulou na afirmação profissional, que me levou a assumir cada vez mais um estilo próprio e o compromisso com a diversidade.

De cueca pela madrugada

Uma cena de fúria vista pela televisão ou pelo YouTube não chega perto da sensação que tive naquela noite. Ao vivo, é multissensorial e reverbera na cabeça por muito tempo depois de sua manifestação explosiva.

Tocavam a campainha de maneira tão insistente que não era preciso abrir a porta para saber que lá de fora viria merda. Resolvi ignorar o barulho. Imaginei que logo a Fúria desistiria de mim e procuraria outro alvo.

Até procurou, mas foi a porta do meu apartamento, que passou a receber chutes sem parar. O estrondo, seguido de "abre essa porta", anunciava problemas grandes à frente.

— Waldiney, quem é essa pessoa que está na porta de casa, enlouquecida?

— Uai, é sua namorada, seu Jairo... Deixei subir direto, como sempre, né?!

— Que namorada, Waldiney... Eu terminei... Terminei, Waldiney!

O meu porteiro preferido não tinha como saber de mais um rompimento que eu provocara sem mais nem menos.

Gostava de companhia, mas amava minha liberdade. Tinha certa antipatia quando as namoradas entravam em uma fase de querer "cuidar de mim". Achava aquilo uma afronta e logo arranjava um jeito de escapar. Eu queria, a qualquer preço para os outros, ou melhor, para as outras, mostrar que eu poderia ser um conquistador, que a deficiência não tinha me feito menos homem, menos capaz de ser um amante, com qualidades, mas também com características desprezíveis. O que eu não sabia exatamente era o revés que isso poderia me causar. A deficiência pode até criar certo escudo contra a raiva alheia devido à desvantagem em situações de autodefesa, mas, quando se está diante de olhos vermelhos enfurecidos, magoados, raivosos, não existe distinção entre as pessoas. Elas se tornam absolutamente iguais e não será uma aparente fragilidade física o que irá conter sua manifestação intempestiva.

— Tranca a porta por dentro. Vou resolver com ela na sala e já volto.

Foi a única coisa que eu pude dizer para a outra garota que eu tinha conhecido havia poucos dias e que estava deitada sobre a minha cama naquele momento, tremendamente assustada com a mulher lá fora.

— Essa mulher tá maluca! Ela vai me matar, Jairo!

Quando abri a porta da sala – pois a Fúria não desistiria de chutá-la a não ser que a polícia chegasse e fizesse um "barraco" maior ainda –, vi os olhos mais fumegantes que já tinha encarado até então.

Ela não queria ouvir nada, não entendia que a nossa relação havia terminado (sim, eu tinha terminado dias antes) e só pensava em me triturar vivo. Resistiu a quebrar minha cara, mas jogou tudo o que estava ao seu alcance no chão.

Tínhamos namorado pouco mais de um ano. Nós nos divertimos bastante, mas meu momento de vida era de experimentar sabores, não de escolher meu sorvete favorito. A garota era bonita, esguia, vaidosa, dedicada e séria. A minha proposta de relacionamento não passava por um compromisso de longo prazo, de um amor eterno, embora eu não poupasse saliva para criar um clima de paixão.

Contratos românticos, entretanto, nunca são lidos em suas entrelinhas, e eu era perito em inventar cláusulas que me livrassem de comprometimentos mais sérios. Certa vez, em meu aniversário, ela enfeitou toda a casa, comprou roupas para que eu usasse especialmente naquela noite, fez uma festa particular. Ela queria "cuidar" de mim, zelar pela minha felicidade. O que ela não sabia é que me libertar de qualquer tipo de dependência dos outros era a minha meta principal de vida.

Ela destruiu o que podia – copos, enfeites, pratos, vasos, controles remotos, bibelôs –, deixando pelo apartamento um rastro de furacão, um recado da revolta feminina, do ego ferido e um alerta para que eu tivesse mais cuidado com a dança de saias que eu promovia em minha vida.

A calma e a ressaca moral apareceram depois de quase uma hora de quebra-quebra e xingamentos. Eu consegui tirar da cabeça dela a ideia de "conhecer a vagabunda". Da minha nova namorada, porém, não se conseguia ouvir nem mesmo a respiração dentro do quarto.

— Vou te levar para casa. Isso tudo não altera a minha decisão de terminar. Você não tinha o direito de invadir minha casa e fazer esse show.

Para evitar estragos maiores, peguei o carro da maneira como eu estava: só de cuecas. Não voltei mais naquela noite. Passei a madrugada toda, seminu, dirigindo pela zona sul de São Paulo e tentando conter a raiva dela.

Sofri, então, o meu segundo revés naquela noite. Histérica e incontrolável, ela disse que só sairia do carro se eu prometesse perdoá-la do escândalo, se eu reatasse o namoro e se eu marcasse a data do casamento.

— Você tá fazendo esse espetáculo porque sabe que não posso me levantar e arrastá-la para fora do carro. Tô me sentindo num cativeiro. Sai do carro! Eu quero ir embora, amanhã a gente vê como fica!

Eram quase seis da manhã, quando, vencida pelo cansaço e já consciente de que me prender naquela situação não mudaria nada, a Fúria desceu do carro. Saí em disparada de volta para casa, mas lá só encontrei um bilhete: "Fiquei chocada com tudo o que aconteceu. Como você demorou demais para voltar, peguei um táxi e fui embora para casa. Mas, por favor, me ligue para conversarmos. Se essa moça fez esse escândalo todo por sua causa, alguma coisa de bom você tem e deve valer a pena apostar".

Ainda tive uma conversa penosa e longa com a minha ex-namorada, mas sem prometer a ela nem mesmo um sorvete no shopping. Passamos muito tempo afastados, sem nos falarmos. Alguns anos depois, ela quis ser minha amiga no Facebook.

o

Quanto mais próximo se fica de alguém com alguma diferença física ou sensorial, menos os defeitos e inabilidades são sentidos e levados em consideração. Pessoas da minha intimidade vivem dizendo que até esquecem que eu preciso de uma cadeira de rodas para me locomover.

O contrário também é verdadeiro: quando me conhecem demais, sabem exatamente o que posso e o que não posso realizar com destreza, o que vai me imobilizar mais e como irei reagir em relação às minhas próprias fragilidades. Em relações amorosas que estão se desmantelando, isso costumava ser usado como instrumento para me sabotar e até me pôr em risco. Preço alto pago por um coração em desalinho.

Sim, acabei atando um namoro com a moça do bilhete, mais atrevida, mais rosa-choque, mais vibrante, igualmente carente. Tudo bacana, até o dia em que não me via mais envolvido, mais a fim de seguir junto dela.

Romper relacionamentos é coisa da vida, mas, quando um envolvido tem uma deficiência, há sempre um "depois de tudo o que fiz por você", mesmo que se tenha sido bastante independente.

A discussão derradeira com a moça do bilhete rolava solta, dentro do carro, em uma rua residencial da zona oeste de São Paulo. Para mim, não havia razão de debater o óbvio, que o sentimento não havia resistido e que deveríamos buscar outro rumo, mas ela preferia fazer o debate.

— É perigoso ficarmos aqui. Sai do carro, a gente conversa em outra ocasião, por favor — eu disse.

— Não, Jairo, fica só mais um pouco, vamos acertar, vamos conversar, vamos tentar. Não vou sair daqui...

Mais uma vez, eu estava com as mãos livres, mas com a atitude atada. Não dava para eu montar minha cadeira, sair do carro e deixar a moça ali, falando sozinha. Mesmo mudo, fiquei ouvindo, ouvindo, ouvindo até que uma batida repentina e nervosa no vidro tirou-me do transe do saco cheio.

— Aê, truta, quietinho. Destrava as portas e a mina vai para o banco de trás!

O assaltante deveria ter uns vinte anos, era magro, cara de poucos amigos, mas empunhava um revólver capaz de abrir qualquer negociação. Eu não estava acreditando que uma "DR" sem sentido e totalmente deslocada iria me custar um sufoco daqueles e, mais ainda, pôr em risco a vida da moça. Ela, por sinal, estava emudecida.

— Tudo bem, seu bandido. Vamos agir direitinho. Só te peço para entender que minha mão direita fica meio escondida porque dirijo com adaptação, tenho uma deficiência, saca? Sou cadeirante.

Com a feição à base da adrenalina se desfazendo, o rapaz olhou o símbolo internacional da pessoa com deficiência no para-brisa, procurou por minha mão e viu o comando de freio e a aceleração manual.

— Ah, truta, roubar deficiente é contra a nossa lei. Sai com a sua mina daqui e vê se não dão mais bobeira na rua. Só voltem depois de meia hora.

O namoro durou mais alguns meses, mas não virei mais refém de "DR". Pelo menos, dentro do carro.

°

A janela do hotel em Florianópolis tinha uma vista de deixar a alma saltitante. O mar ali defronte parecia entrar pelo quarto. Visual perfeito para amantes, mas terrível para quem ainda tentava curar uma dor de cotovelo. Estava ali a trabalho. Era verão, e os paulistas haviam feito da capital catarinense a sua nova Baixada Santista. Tinha muito a relatar, a descobrir e a mostrar. O problema para mim era que, naquela cidade, morava um ex-amor desarranjado.

Fui eu mesmo que fiz a bagunça no relacionamento, mas, depois de perdido, quis dar um jeito de botar de novo na tigela toda aquela gelatina sentimental, esparramada em dramas e discussões. Àquela altura dos acontecimentos, no entanto, era só eu quem queria uma nova chance. Ela já tinha arrumado as malas e feito outro caminho.

Tinha sido de fato a melhor solução. Imaturo e mau-caráter, eu me deslumbrara com a possibilidade de ciscar perigosamente em outro terreiro. Ela descobriu tudo, em detalhes, e não havia unguento capaz de sanar aquele machucado.

Por essa razão, quase caí da cadeira quando a "catarina" surgiu, sem mais nem menos, na porta da suíte do meu hotel. Ela era dada a surpresas, mas eu jamais imaginei que aquele disco de nosso relacionamento pudesse ser colocado novamente na vitrola. Parecia um roteiro daqueles filmes de crimes perfeitos. Ela havia se produzido com tudo aquilo que sabia que eu gostava, para aguçar meus fetiches e não dar margem a questionamentos. Era uma mulher comum, mas, quando armada de vaidades, ficava irresistível e linda. Apesar da distância, nós nos apegamos de paixão por muito tempo – os valores gastos nas contas telefônicas teriam sido mais bem empregados em passagens aéreas. Ciumenta, possessiva e insegura, um dia invadiu meu computador, leu meus e-mails e me pegou no pulo. O desmanche de nossa afeição foi marcado por brigas e por uma apoteose de rancores.

— Descobri que você estava aqui em Florianópolis e vim te fazer uma visita. Posso entrar?

Àquela altura, eu era uma serpente encantada diante do flautista. Achei que meus argumentos pelas cachorradas do passado haviam sido reavaliados e, a partir daquele momento, tudo seria só alegria.

— Deite ali na cama e tire a roupa — ordenou, mais carinhosa do que mandona.

Achei que, em instantes, eu tomaria novamente as rédeas daquela história e tudo se resolveria entre beijos e pegadas. Obedeci, e ela veio para cima de mim. Tudo dentro de um climinha natural de pré-agarros. Mas eu deixei de notar mais detalhadamente aqueles olhos. Eles diriam o porvir. Eles entregariam para a serpente o plano maligno do flautista.

— É assim que você gosta, não é? Está com saudades? — dizia sorrindo, sarcástica, a desgraçada.

De repente, ela se levantou, fechou a blusa entreaberta, afastou minha cadeira da cama a uma distância fora do meu alcance e dirigiu-se à porta do quarto.

— Não vou te perdoar nunca, tchau.

Não sei bem qual foi o meu sentimento dominante naquele momento: se a perplexidade ou a frustração, se o constrangimento ou a irritação com o mico de não conseguir sair da cama.

Fiquei ali deitado umas boas horas com os pensamentos divididos entre a remontagem daquela cena e a busca de um meio de sair da cama sem enfrentar o embaraço de pedir ajuda na recepção.

Adormeci e, quando acordei, com a ressaca moral saindo pelas orelhas, eu me rendi e liguei para a recepção a fim de pedir ajuda. Não me lembro de qual história da carochinha contei ao fazer aquele pedido de socorro tão surreal.

A vingança também não vê diferenças em seus alvos e não mede consequências em suas ações. Não leva em conta a equidade em suas tramas e se dissimula nos olhares. Tolo aquele que não dá aos olhares de vingança a devida atenção e se acha protegido por suas desvantagens corpóreas.

Sempre acreditei que o fato de eu ter uma deficiência que repercute em diversas situações de meu dia a dia não seria jamais assunto que pudesse vir à baila em confrontos amorosos. Ingenuamente, pensava que uma "aura de proteção" em relação a meus cambitos finos pairasse nos momentos de tensão. Imaginava que isso seria algo intocável, uma vez que a minha deficiência, para as mulheres que se envolviam comigo, era vista como nada mais do que uma característica como outra qualquer: a cor da pele, a largura da sobrancelha, o tamanho das coxas ou do nariz...

Entretanto, diante de olhos vermelhos e raivosos, as cortinas mais espessas que impediriam de vazar a luz de preconceitos, de questões mal resolvidas e até de insatisfações com a diferença do parceiro se abrem, escancarando mágoas e ferindo até a alma. Se o esgoto do sentimento faz sentido ou é pura obra da maledicência inconsequente, esse é um mistério que acho que nunca vou desvendar.

o

Ela estava solteira, eu também; eu enviava mensagens, ela respondia: havia uma sintonia, uma curiosidade e uma atração. Mas não foi o fato de ela ser cadeirante que me levou a querer "experimentar" aquela garota. Era uma relação, como outra qualquer, com prazeres e desaforos.

Não podia tolher em mim o desejo de ir em frente com aquela paquera, colocando-me uma amarra que poderia também causar um estrago a ela, caso não desse certo. Inteligente, bem resolvida, carismática, ela não era uma menininha tola por cuja integridade sentimental eu deveria zelar.

Tínhamos também uma sintonia excelente na maneira de interpretar os olhares do mundo a respeito de nossas realidades físicas e nos divertíamos com isso. Tínhamos maturidade para analisar os desafios diários de um namoro sobre rodas, como passear em um calçadão esburacado ou frequentar uma balada sem banheiro acessível.

Tudo era novo naquele namoro e, como qualquer relação, era preciso conhecer mais o outro para saber onde aquilo desaguaria depois da empolgação inicial. Isso também significava acomodar duas cadeiras de rodas em minha vida e saber lidar com a situação, é claro. Não dava para não levar isso em consideração.

A deficiência dela, em si, teve pouco peso no desarranjo sentimental que ocorreu. Pouco me importava com os cochichos das pessoas no restaurante, o olhar incrédulo de quem via um casal cadeirante (isso não é algo exótico para quem vivencia esse mundo mais de perto), a logística para fazer caber tantas rodas em um carro só. A questão era mais profunda.

Éramos um casalzinho perfeito de aleijados, que despertava suspiros. Para mim, porém, sempre esteve claro que tudo aquilo era uma tentativa de dividir a felicidade, sem contrato firmado de que "teríamos de nos amar eternamente".

Em dado momento, quando percebi que o sentimento não pararia em pé como amor, comecei a pirar com aquela recomendação do Saint-Exupéry, em *O pequeno príncipe,* sobre a responsabilidade que temos por alguém que caiu na nossa lábia romântica: "Tu te tornas eternamente responsável por aquilo que cativas".

Um agravante é que, depois de causar certa curiosidade, um casal tão fora dos padrões tem forte potencial para produzir muita empatia e torcida em quem está ao redor. Um casal de *malacabados* é, de certa maneira, uma vitrine para quem esconde sentimentos por trás de timidez, insegurança, tristezas íntimas.

Mas, se sempre defendi um olhar de igualdade para as diferenças, por que razão, no caso de um rompimento, eu deveria levar em consideração o fato de a moça ter uma deficiência? Penso que ela achou, diante da ruptura, que meus olhos a julgavam uma mulher "imperfeita", incapaz de rebolar, desfilar de salto alto, sentar no colinho do amado em noites de lua cheia. Da minha perspectiva, nada disso teve peso real para o fim.

Rompi com ela, atei amor de perdição com a mulher da minha vida, mas ganhei meses de uma chateação neurótica que misturava ego ferido com carência de autoestima.

Tive de suportar novamente olhos vermelhos, mas, dessa vez, a acusação que recaiu sobre mim foi a de ter sido preconceituoso com uma pessoa na mesma condição física que eu. Para aqueles olhos, eu não sabia lidar com a diferença do outro, eu era um farsante e tinha medo de encarar uma situação nova. A minha predileção e os meus desejos não foram considerados no julgamento moral.

— Você trocou o amor da sua vida por uma bunda. Você não presta, você não me quis por eu ser cadeirante! — dizia ela das mais variadas maneiras, mas, principalmente, em silêncio, durante ligações na madrugada, que se repetiram durante nove meses.

Há um neologismo provocativo – que eu adoro – no mundo das pessoas com deficiência: o "coitadinhar". Quando uma situação cotidiana se complica por razões diversas, quando, por exemplo, se leva um fora de amor, há *malacabados* que se "coitadinham". Em vez de considerar os elementos reais envolvidos em uma questão, a deficiência passa a ser a razão de tudo, do fracasso, do abandono, da derrota no jogo, da demissão.

A vitimização é uma das heranças que mais jogam contra a construção de uma nova imagem para cegos, surdos, cadeirantes, downs. Quando o calo aperta, apesar de não existir nada na situação que indique falta de oportunidades iguais, levanta-se a voz do indefeso, do coitadinho.

De certa maneira, as raízes que justificam o "coitadinhar" ainda sobrevivem, o que, em parte, explica sua existência. A falta de oportunidades na vida social, a falta de compreensão com suas necessidades diárias, as visões equivocadas sobre a cadeira de rodas, a muleta ou um cão-guia são exemplos. Pelo menos, essa é a minha forma de pensar.

Quanto à garota, no final, tudo acabou se acomodando, e nós dois fomos premiados com amores do jeitinho que sonhávamos.

De empurrão em empurrão

As festas na casa do Marcelo Armôa, durante o período de faculdade, eram imperdíveis. Tinham tudo para a gente ser feliz: música boa e ruim, cerveja gelada de má qualidade, risadas até de madrugada e pais que não ligavam para a zona que fazíamos. Sim, tinha também as meninas que, às vezes, davam beijos na boca e faziam carinhos.

Os meus problemas para aproveitar a farra sempre estavam relacionados aos deslocamentos. O Marcelo morava longe do pardieiro que eu habitava, e ônibus com acessibilidade era algo de outro planeta naquela época.

Mas, como ocorreu em vários momentos da minha vida, naquele tempo eu também tinha alguma sorte e grandes amigos.

O Heric Steinle sempre foi franzino, mas forte como o He-Man. Por um tempo, moramos no mesmo pensionato dos terrores e naturalmente nos tornamos quase irmãos. Para ele, não existiam os empecilhos que eu criava para aproveitar o dia e a noite. Ele simplificava tudo para mim, ficava bravo com minha moleza de atitudes diante da falta de acessibilidade, de condições para ir e vir.

— Que difícil que nada, cara! Vamos lá, se arruma, que eu te ajudo a pegar o bumba. Vamos pra festa!

E era assim: íamos para o ponto de ônibus, ele avisava o motorista que havia um cadeirante na parada e que o embarque demoraria um pouco mais. Então, sem rodeios, me pegava no colo, me acomodava em um banco, voltava e pegava minha cadeira de rodas, que não era a mais levinha, nem a mais prática.

As pessoas dentro do coletivo ficavam meio perplexas com a agilidade dele, ao mesmo tempo que morriam de dó de mim por eu "estar naquela condição". Depois de instalado, porém, o meu pensamento era só o de aproveitar o clima bacana na casa do Marcelo.

Na viagem de volta, de madrugada ou na manhã seguinte (sempre havia camas disponíveis na casa), era a mesma história da ida. E havia sempre o Heric, com disposição igual para fazer viagens loucas, cumprir missões de trabalho da faculdade ou realizar tarefas cotidianas.

Heric também perdera o pai muito cedo e sua situação econômica era cheia de limitações. Era um pouco tímido e tinha um espírito de rebelde sem causa definida. Éramos parceiros totais no gosto pelo rock, na busca de liberdade e na preocupação com a justiça para todos.

Um pouco por causa da convivência, um pouco por empatia natural ou por compartilhar os problemas da vida real, o olhar dos amigos de pessoas com deficiência costuma estigmatizá-las menos e aceitá-las com mais facilidade.

A convivência diária acaba levando as pessoas a relevar a aparência do outro e a valorizar o companheirismo, a lealdade.

Pessoas *malacabadas* têm amplo potencial para cativar pela conversa e ceder tempo e dedicação ao outro. Isso porque a vida de quem não anda, não vê ou tem múltiplas complicações tende a ser menos agitada e direcionada mais ao que ela tem próximo de si do que ao que precisa ainda buscar e descobrir. Nessa relação, o que tem importância é a troca de experiências, o apoio nas conquistas e derrotas, um papo furado, um projeto para mudar os rumos da humanidade.

Como vários colegas da minha turma de faculdade acabaram ganhando o peso de parceiros inseparáveis, durante os anos de vida acadêmica fui adquirindo confiança em minhas possibilidades e convicções, em minhas capacidades.

Para chegar até a faculdade, eu tinha de atravessar, muitas vezes sozinho, uma reserva ecológica, coisa de cidade universitária. Na ida, tudo ia bem, pois um declive ajudava no embalo; na volta, à noite, o bicho pegava, devido à má iluminação, aos galhos esvoaçantes, aos barulhos da mata fechada.

Certa vez, em um dia de muita chuva, a "motoquinha" que eu ganhara do Dória pifou bem no meio da travessia, num ponto em que não havia nenhuma lâmpada acesa. Senti pânico, raiva de minha condição física, raiva porque a universidade não se importava em criar melhores condições para quem transitava por aquele caminho.

Toda a confiança que tinha em mim como cadeirante independente empacou ali, e os olhos dos bichos ocultos no fundo daquela vegetação escura me disseram que eu teria de me precaver mais, medir melhor as consequências de meus voos solitários e me proteger de minhas próprias limitações.

Não sei precisar quanto tempo fiquei ali, sozinho, no fundo da noite, mas foi o suficiente para eu poder cravar em minhas memórias mais dolorosas esse acontecimento banal. Fui resgatado, quase uma hora depois, por um segurança do campus que fazia a ronda noturna.

Passei outros apertos naquele caminho, mas também não me esqueço das caronas camaradas. Alguns colegas desviavam de suas rotas e disfarçavam o seu cansaço para poder me auxiliar. Em algum nível, toda pessoa com deficiência severa vai precisar de colaborações para construir uma vida independente. Fazer-se de revoltado, achar que é possível ter autonomia total é um pensamento que joga contra o futuro, o seguir adiante, a construção de projetos cada vez mais ambiciosos.

E assim lá ia eu, com minha cadeira, no Fusca da Mariane, no Escort da Paula, no Chevette da Rosângela, no Monza do Moura. Às vezes, meio constrangido, eu fugia e me escondia para não criar um climão para eles.

Mesmo sentindo certo receio, eu voltava sozinho para casa, lavando a alma e pensando que o esforço valia a pena. No caminho escuro, cruzava com olhos brilhantes que talvez fossem apenas vaga-lumes, ou quem sabe assombrações, e tudo aquilo, misturado ao medo e ao desafio de ignorar ameaças, me fortalecia.

Comigo e com Heric, Marina Pauliquevis formava um trio excêntrico. Magrela, exagerada, cômica, inteligente, neurótica, ela não tinha muitas forças para me empurrar em ladeiras, mas isso pouco importava. Juntos, éramos muito fortes, trocávamos confidências e angústias, planejávamos sonhos absurdos.

Marina só chegou a beijar o Heric, mas, para muita gente que me via conversando com ela por horas e horas e deparava conosco em todas as situações da vida acadêmica e mesmo fora dela, nós éramos namorados, o que era sempre motivo de risada entre nós.

— Sem Jairo, não vou — dizia ela, quando parecia que eu ficaria excluído de algo por causa das dificuldades de acesso ou de alguma atitude mal colocada, sempre se referindo a mim sem o artigo definido antes do meu nome.

Embora fôssemos críticos agudos das injustiças sociais, não sei por que razão o tema "deficiência" nunca fez parte de nossas rodas de conversa madrugada adentro. De alguma maneira, Heric e Marina entendiam meus dramas, mas não tratavam deles comigo. A naturalidade de nossa relação passava por eles aceitarem a minha condição física sem dar a ela espaço maior do que já ocupava no meu cotidiano.

Eles sabiam de minhas limitações para chegar até as baladas mais distantes e, por conta própria, arrumavam a logística para que eu conseguisse participar. Às vezes, rachávamos uma corrida de táxi para que meu deslocamento ficasse mais fácil, mesmo que eles pudessem gastar bem menos pegando um "busão".

Havia entre nós uma ancoragem emocional mútua, graças à empatia, às predileções e à história familiar, que tinha muitas semelhanças. A minha condição física, para os dois, parecia realmente não ser nada mais do que um detalhe. Isso se concretizou para mim com um pedido que fiz a eles para este livro:

"Me digam suas impressões sobre a minha deficiência. Compartilhem suas percepções a meu respeito na época da faculdade. Preciso entender mais como vocês viam a minha condição no contexto de nossa amizade e da sala de aula".

Insisti diversas vezes para termos essa conversa ou para receber um relato deles. Ambos me davam sempre a mesma resposta: "Sobre isso, não temos o que falar. Era tudo normal".

Depois da formatura, nós nos separamos. Cheguei primeiro a São Paulo. Dois anos depois, Marina veio trabalhar no jornal *O Estado de S. Paulo*. Heric veio para a metrópole uns quatro ou cinco anos depois de mim a fim de seguir carreira na publicidade. Até hoje somos um grande trio, embora nos vejamos bem menos do que no tempo de faculdade.

o

Quando moleque, eu era fanático por futebol e, por mais inacreditável que fosse para os outros, gostava não apenas de assistir às partidas, mas de participar delas. Na vila em que morei na infância, a proximidade das casas e a total falta de opções de lazer faziam os meninos se juntarem para peladas e outras atividades. Criança raramente exclui algum colega por sua diferença, pelo menos foi o que me mostrou a minha experiência.

O Alessandro, o Humberto, o Douglas, o Cássio, o Danilo, o Daniel e o Clodoaldo foram inconscientemente responsáveis pelo fato de eu me ver como uma pessoa comum, com capacidades, fraquezas e desafios variados pela frente. Até uma banda de música nós formamos, apesar de nunca termos tocado pra valer. Era apenas para irritar ouvidos. O Alê era quem tinha mais jeito com os instrumentos musicais. Tocava contrabaixo muito bem e jurava que cantava. Acho que vê-lo tocando numa boa estimulou minha vontade de aprender violão, mesmo com os dedos das mãos em parte atrofiados e tortos.

Meu braço esquerdo foi parcialmente afetado pela pólio, o que fez com que seus movimentos ficassem restritos, inclusive o giro de punho. Por isso, tive de inverter as cordas para aprender a tocar violão. Na nossa banda, pouco importava o jeito de tocar – a qualidade do som também não era uma grande exigência. Mas eu me senti estimulado a aprender mais. Pena que a onda passou e eu encostei o violão.

Com o passar do tempo, Clodoaldo, o "Crô", tornou-se o meu melhor amigo. Éramos inseparáveis e tínhamos paixão idêntica pelos campos de várzea e pela bola.

É claro que eu não era jogador. Ainda não conseguiram criar um jogo em que um cadeirante possa driblar e fazer gol. No time de meus amigos da vila, comecei como simples incentivador, depois passei a palpiteiro e, por fim, cheguei a técnico. Havia quem risse quando me via gritando na lateral do campo ou quando dava as instruções para o time no intervalo do jogo. Minha vontade de estar ali, entretanto, rodeado dos outros moleques, fazendo um pouco o que eles faziam, era para mim um prêmio capaz até mesmo de enterrar qualquer manifestação de preconceito.

Esses momentos só foram possíveis por causa dos grandes amigos. Acabava sobrando para eles, que tinham de me ajudar a completar trechos dos caminhos.

Certa vez, fomos a um superdisputado campeonato entre bairros. Embora faltasse ao time um uniforme completo ou mesmo chuteiras, tínhamos um jogo de camisas com listras verdes e amarelas, presenteadas por dona Maria, a mãe do Crô, que, por sinal, era um dos nossos melhores jogadores.

Ganhamos o torneio na raça, como gostam de dizer os jogadores, e em meio a uma tempestade. Foi uma das emoções mais fortes que tive na minha adolescência. Ainda que não tivesse entrado em campo, não tivesse marcado nenhum gol, eu era o técnico do time, e os meninos reconheciam alguma importância nas instruções que eu lhes dava. Lembro que, na volta para casa, minha cadeira empacava o tempo todo na lama que se formara nas ruas sem asfalto depois da chuva, mas os jogadores do meu time, mesmo exaustos, revezavam-se para ajudar o "técnico", que carregava o troféu.

Aqueles olhares de gratidão e de vitória muito me incentivaram a não burlar meus desejos de ser na vida o que eu bem quisesse: técnico de futebol, astronauta, corredor, motorista, diretor, mecânico ou jornalista.

o

Quando alguém toca na cadeira de rodas, a sensação é a mesma causada por uma mão que encosta em seu ombro, ou pega na sua cintura, ou provoca sem querer ou por querer um encontro de peles. Pouca gente tem isso em mente e se pergunta por que cadeirantes, de forma geral, recusam a ajudinha de desconhecidos na rua. Parece exagerado dizer que a cadeira acaba se tornando parte do próprio corpo, mas não há explicação melhor. A pessoa passa horas seguidas, de dia e de noite, no veículo, que vai se ajustando ao formato de corpo e torna-se um companheiro único.

Somente com o tempo, com o fortalecimento de uma amizade, ser empurrado torna-se algo mais natural, menos invasivo e não um ato meramente assistencialista.

Quando um estranho se põe a empurrar um cadeirante, ele não só se dá o direito de querer saber as razões da desgraceira do ajudado como costuma lançar alguma frase de conforto ou indicar alguma igreja evangélica para a salvação da alma. Muito raramente uma ajuda é apenas uma ajuda.

Certa vez, eu estava indo para o trabalho quando um homem esbaforido e agitado me pegou de jeito, sem me dar tempo para recusar a ajuda, e saiu empurrando minha cadeira pela rua. Eu morava a poucas quadras do jornal e tocava sozinho a cadeira. Era uma forma de eu me exercitar, até porque eu já tinha carro naquela época. Mas nunca dava tempo de explicar isso.

— Como é difícil essa sua vida, hem? Fazer esse esforço imenso. Foi acidente, foi? Mas deixa que eu te empurro, não se preocupe. Quase não dormi na noite passada, tive uma dor nas costas terrível. E já acordei cansado, acredita? Pra chegar aqui, ao centro da cidade, tenho de pegar dois ônibus e caminhar por dez quadras... Só tive tempo de responder "é, a vida não é fácil", antes de ele seguir viagem sozinho.

Apenas os amigos e os mais próximos entendem que a cadeira de rodas tem uma dinâmica específica. Não basta fazer força para deslocá-la. É necessário saber o momento certo de empiná-la para vencer um obstáculo, qual é a velocidade mais segura, que rampa irá funcionar mais adequadamente para não projetar o cadeirante para a frente, por qual calçada é possível transitar e quando é melhor seguir pela rua.

Um incômodo particular sempre me assombrou nessa história de ser empurrado. Penso com frequência se o "empurrador" está à vontade, se não está se desgastando demais, se não está incomodado em ter a sua imagem associada à de alguém que inspira fragilidade, doença.

Era comum que, quando menino, eu saísse com grupos de três ou quatro amigos para as mais variadas aventuras: soltar pipas, catar mangas em terrenos baldios, ir atrás de bola rolando em gramados distantes de casa, frequentar cinema no centro da cidade. Os garotos se dividiam na missão de me conduzir pelas ruas e até disputavam a vez, mas, à medida que nos tornamos pré-adolescentes, por volta dos onze ou doze anos, o prazer que tinham de me conduzir foi se tornando para eles um transtorno, um motivo até de vergonha, tanto mais na hora das paqueras.

"Seguir adiante" foi sempre o meu lema na vida. Quando tinha oportunidade, não deixava de acompanhar a turma nas suas andanças. Com isso, surgia a necessidade de eu ser conduzido, pois tocar sozinho a cadeira por muito tempo, em terrenos desnivelados, é bastante cansativo. O método encontrado por meus amigos adolescentes para continuarem a me empurrar, mas sem se sentirem muito constrangidos, era deveras perigoso e perturbador para mim: em um trecho do caminho, eles corriam bastante comigo, pegavam impulso e me soltavam rua afora, a bordo da cadeira. Isso permitia que eles andassem por vários metros sem se preocupar com o veículo (e comigo), enquanto eu, em alta velocidade, tentava manter o equilíbrio e não capotar.

— Agora vai um pouco sozinho — diziam.

Esse método foi usado várias vezes em nossas saídas. Eles não me abandonavam, mas se livravam de mim por um tempo, quando reclamavam do trabalho que era me empurrar e faziam pequenas chacotas. O método do impulso me levou a sofrer vários tombos pela rua, uma vez que qualquer buraco ou pedra no meio do caminho podia me mandar para o chão.

Cair no chão é um receio contínuo de cadeirantes, quando eles são empurrados por alguém. Ocorre de caírem sozinhos também, mas apenas se houver muita distração. Um cadeirante emborcado na rua faz com que imediatamente apareçam de todo canto os mais variados olhares e um festival de manifestações emotivas, de julgamentos e expressões de dó.

o

Na vida adulta, amigos também foram fundamentais para que eu entendesse os olhares debochados, para que os enfrentasse ou risse deles, acolhendo os de boa índole. Pessoas com deficiência que conseguiram realizar-se profissionalmente ou formaram família, em geral, estiveram rodeadas de gente que as encorajou, incentivou e, quando preciso, as levou nos braços e as ajudou na travessia de caminhos penosos.

Um desses meus amigos foi Rubens Valente, um dos maiores repórteres investigativos do país. Dividimos um desses velhos apartamentos, bem grandes, com piso de tacos e bidê, que ainda resistem no bairro de Santa Cecília, no centro de São Paulo. Era um endereço conveniente por ficar perto do jornal e da estação do metrô – e, na época, a "cracolândia" ainda não havia se expandido tanto.

Rubens tinha um faro jornalístico único e uma disposição invejável para ajudar os colegas, ensinando a eles maneiras de apurar grandes reportagens e também de apreciar cinema, literatura e música. Graças a ele, fiquei vidrado nos filmes do Kubrick e fui a um show de João Gilberto pela primeira vez. Um pouco do meu suposto talento para contar histórias também lapidei com ele, que não tinha preguiça de me ajudar a encontrar caminhos novos para pensamentos antigos.

— Cara, eu convivo há tanto tempo com você que me esqueço e, muitas vezes, nem vejo que você usa uma cadeira de rodas. Para mim, não existe nenhuma diferença entre você e as outras pessoas — ele me disse um dia.

E ele esquecia mesmo. Às vezes, eu parava diante de um obstáculo, esperando uma ajuda dele, e nada. Ele parava também, continuava a conversa como se nada tivesse acontecido e só depois de alguns instantes notava que era preciso auxiliar o amigo de rodas.

No Kadett cor de vinho, caindo aos pedaços (mas com um motor potente), do Rubens, nós íamos para os botecos, para os restaurantes, para o cinema, sempre sentando nos piores lugares, que são os reservados para pessoas com deficiência – o que até hoje persiste, apesar das (poucas) melhoras ocorridas nos últimos anos.

Um dia resolvemos que cada um deveria mudar-se para seu próprio apartamento. Desde então sinto saudades do Rubão, mesmo falando frequentemente com ele e encontrando-o para beber todas nos botecos da Vila Madalena.

Ver com espontaneidade as diferenças físicas e sensoriais do outro exige algo além do convívio e do conhecimento dos limites da outra pessoa. É preciso disposição para andar mais devagar e observar as mesmas coisas de ângulos diferentes. É preciso colocar-se ligeiramente em uma nova perspectiva de sensações.

o

Fiz bons amigos por precisar, às vezes, ser empurrado. Quando se está em um grupo, é comum uma das pessoas se dispor e até mesmo insistir em auxiliar um cadeirante.

Foi assim com o Reis, com o Pichonelli, com o Ornaghi, com o João, com a Lúcia. Tocar uma cadeira de rodas com objetivo de empurrá-la é muito mais que uma atitude meramente motora. Para o "empurrador", a ação envolve sentir um pouco da carga dramática despejada o tempo todo sobre o cadeirante pelas ruas, envolve estressar-se com a acessibilidade porca das cidades e envolve uma sensação de dúvida sobre até que ponto se deve e se pode ajudar. Para quem está na cadeira, ser empurrado implica desprender-se da sua própria autonomia e confiar no outro, receber no corpo uma carga de energia estranha, entregar seu caminho ao deus-dará. Para a dupla, geralmente, a rotina da ação de empurrar e ser empurrado faz nascer um valor de companheirismo que desemboca em amizade, a mesma que segura desabafos, angústias e faz vibrar com conquistas, irromper em gargalhadas e trocar chistes bobos, cuja graça consiste apenas em compartilhá-los.

Fica instalado um tal mimetismo entre cadeirante e amigo que, quando, por uma razão ou outra, eles não aparecem juntos, a repercussão é imediata:

— Cadê aquela mocinha que te ajuda todos os dias? Ela te abandonou? E agora? Como você vai se virar sem ela? Coitado...

É certo que carrego reflexos das ações, da dedicação, do apoio e da doação de meus amigos, mesmo que, para eles, nada de grande envergadura tenha sido realizado para isso. Mas bastaram-me os seus olhares, que eram como confetes lançados sobre mim, eram como blocos de concreto que ajudavam a erguer as minhas ambições e também um amparo que me permitia enfrentar os desânimos passageiros.

Visão de mundo

É durante as viagens, quando conhecemos maneiras distintas de ser tratados, acolhidos ou até ignorados, que as impressões em relação a olhares recebidos se amplia muito. E um desejo comum a cegos, surdos, paralisados e afins é conseguir viver e também viajar como um cidadão comum, mas que necessita de certas condições diferentes para exercer seus direitos e deveres.

O começo dos anos 2000 era um tempo de vacas parrudas no jornal. Talvez por isso, eu, jovem jornalista, praticamente iniciante, ainda sem botar nenhum ovo de ouro, tive aprovado um projeto de passar uma temporada de viagens e estudos na Espanha.

Seria a primeira vez que eu atravessaria o Atlântico e passaria tanto tempo longe de amigos ou de qualquer pessoa conhecida. Acho bobagem dizer que é preciso se impor desafios, que é necessário sair da "zona de conforto", mas o fato é que momentos assim sempre se apresentaram para mim. Devo ter alguma predisposição espiritual ou muita cara de pau para me enfiar em emaranhados de farpas, que, se vencidos, causam muita satisfação, mas são um bocado azedos ao serem vividos.

À parte os desígnios do além, foi minha mãe a responsável por embutir em mim essa ansiedade por novas emoções, por reunir bagagens que poderiam garantir o meu sustento e contribuir para que eu tivesse um futuro melhor. Mas esse sentimento materno era também confuso:

— Espanha? Você quer me matar? Eu não vou aguentar, não. Você está me matando aos poucos. Ficar tão longe! Em São Paulo, já não é o suficiente? Volta para casa, meu filho, aqui você tem de tudo...

Ela me ajudou a arrumar toda a bagagem (uma mala gigante e uma mochila), comprou roupas novas para o verão europeu e foi comigo ao aeroporto, na hora da despedida. No fundo, sabia que aquilo iria contribuir para reforçar minha carapaça.

o

A chegada a Madri, em julho de 2000, foi tão emocionante quanto tensa. Tudo havia funcionado bem no desembarque. Digo isso porque, no Brasil, pessoa com deficiência é encarada como uma "bagagem pesada" nos aeroportos, não como cliente que precisa de uma atenção diferente. Já passei uma hora preso em aeronave aguardando assistência. Já tive de descer as escadas do avião abraçado a funcionários que faziam esforços descomunais para me garantir alguma segurança. Já fiquei preso em equipamentos de embarque (espécie de elevadores hidráulicos) sem manutenção. Já senti muita raiva por depender do outro para me libertar.

A Espanha, ao contrário, tem programas de inclusão muito fortes e bem estruturados, e a saída da aeronave de um turistão quebrado como eu não era novidade no país. Porém, alguns perrengues podem acontecer para marcar o momento. "*¿Donde esta la silla de ruedas de este señor?*" Não achavam minha cadeira de rodas no porão do avião – e a um cidadão que vive sentado como eu nada pode causar mais falta de chão do que isso. Fiquei mudo, enquanto os funcionários da companhia aérea se desdobravam na procura.

Depois de mais de uma hora de espera angustiante, trouxeram, como se fosse um presente, a minha companheira, intacta. Sim, apenas a cadeira. As minhas malas não. Tinham sido extraviadas, mas enfim chegaram, seis horas depois, na moradia estudantil onde eu ficaria por mais de um mês, em Salamanca, oeste da Espanha.

o

Já estava muito acostumado com as miradas de curiosidade que muitos lançavam sobre mim. Na Espanha, não era diferente. Mudava apenas a tonalidade dos olhos, geralmente mais claros que os dos brasileiros.

Novidade para mim, e revivi isso em outras viagens ao exterior, era certo abandono. No Brasil, um cadeirante sozinho, à solta, é sempre alvo de alguma aproximação e de ofertas de ajuda, o que raramente acontece em países onde há respeito total pela privacidade e a individualidade, e tocar o outro é quase uma contravenção.

Por sinal, foi a "mãozinha" dada por um brasileiro que provocou um dos maiores acidentes que sofri no exterior. O alojamento em que eu vivia, em Salamanca, tinha uma *habi-*

tación adaptada, ampla, perfeita para me acomodar, mas ficava no segundo andar de um prédio sem elevador. Pelo que me explicaram lá, haviam feito o projeto para colocar um, mas ainda não fora executado. Dois voluntários da Universidade de Salamanca, uma das mais antigas e tradicionais do mundo, iriam me ajudar a vencer os dois lances de degraus diariamente. Era uma situação intolerável, mas, por estar fora das minhas fronteiras, eu simplesmente não tive topete para puxar a Constituição e exigir melhores condições.

Logo na primeira semana de aulas, os voluntários se atrasaram e um brasileiro de quase setenta anos, que também fazia intercâmbio em Salamanca, insistiu muito e fez questão de me auxiliar nas escadas:

— Eu consigo, sim. Pego na parte dianteira que é mais leve! — disse ele ao funcionário do alojamento, que, assim como eu, ficou sem jeito de explicar ao homem que a missão exigia maior vigor físico do que ele dispunha.

Antes mesmo de vencer o primeiro lance de degraus, o homem não aguentou o peso, soltou-me no ar e caiu para trás, batendo a cabeça em uma parede. Não chegou a desmaiar, mas ficou estatelado no chão. Eu levei um tranco, um susto, mas fui amparado pelo funcionário, sem sofrer danos sérios. Foi necessária a assistência de bombeiros para retirar o brasileiro daquela situação. Ele passou o resto da temporada em Salamanca com um protetor no pescoço. Quando me via, cumprimentava meio envergonhado.

Depois das aulas de arte e cultura espanhola, que me faziam viajar pelos mundos de Velázquez, Miró, Dalí e Picasso, tinha o tempo livre. Vários grupos de estudantes do Brasil estavam na cidade. Eu poderia estar com eles, mas tinha a impressão de que me viam como um atrevido estranho, um doente meio doido que resolveu aparecer pelas bandas da Espanha, um estorvo para seus planos turísticos. Não me enturmei nem tenho certeza de que o quisesse. Criei minha própria rotina. Faz parte da existência de toda pessoa com deficiência viver em certa solidão, numa intensa e, às vezes, perturbadora conversa consigo mesma.

Apesar das ruas milenares, Salamanca tinha preocupação de ser acessível. Sempre havia uma faixa lisa para que cadeirantes transitassem com tranquilidade e sem sustos. E era o que eu fazia: rodava sozinho, liberto, pensativo e emocionado por estar ali. Tinha ido bem longe da minha pequena Três Lagoas. Estava conhecendo novas maneiras de ser visto, ganhando mais firmeza para defender que a palavra *malacabado* é muito melhor do que a designação para "aleijado" em espanhol: *minusvalido*, o que me remete a "menos válido"...

Meu prazer maior era, aos finais de tarde, ir até a Plaza Mayor pensar na morte da bezerra, tomar minhas *copas*, observar as moças arrumadíssimas e descobrir assim uma maneira nova de lidar com a vida. Os espanhóis têm mais tradição que os brasileiros de conviver com a diversidade, mas isso não quer dizer que entendam bem as necessidades alheias. Em uma visita a Madri, embora eu tivesse explicado à atendente do hotel que eu precisava de um quarto mais espaçoso para transitar com a cadeira de rodas, caí numa enrascada. Ao entrar no apartamento, que era realmente grande, notei que o banheiro me daria muito trabalho. Como é comum na Europa, no lugar do boxe com o chuveiro, havia uma banheira. O hotel estava lotado, eu tinha pagado adiantado e o jeito era me virar. Tentei pôr uma cadeira dentro da banheira, mas só dois pés dela couberam na parte interna, os outros dois ficaram para fora, de modo que eu não conseguia me posicionar inteiramente sob o chuveiro. Passei quatro dias tomando banho de canequinha.

o

Não sei dizer o que me deixou mais feliz: se foi a bolsa de estudos que ganhei do Banco Interamericano de Desenvolvimento (BID) para um curso bastante disputado ou se foi a chance de conhecer a escola de jornalismo investigativo criada pelo genial Gabriel García Márquez, em Cartagena das Índias, na Colômbia, para onde viajei em meados de 2006. Passei quinze dias estudando as realidades sociais da América Latina, as políticas públicas para os países do continente e os desafios jornalísticos na abordagem de temas como pobreza, saúde, educação e igualdade.

Antes de chegar lá, em uma parada no aeroporto de Medellín, fiquei assustado com a presença ostensiva de militares no local. Na época, grupos paramilitares faziam forte pressão sobre o governo e, ainda que o país não vivesse um clima de guerra, a tensão era constante.

Poucas vezes tive meu corpo e minha cadeira tão revirados por policiais atrás de drogas e armas como na vistoria daquele aeroporto. Até então, estava acostumado a passar como "café com leite" por essas batidas. Estar a bordo de uma cadeira de rodas, por muitos anos, dava uma espécie de salvo-conduto para entrar e sair de aeronaves sem enfrentar revistas criteriosas. Em Medellín, apalparam diversas partes do meu corpo, jogaram reagentes de drogas em vários pontos de meu "automóvel" e até um cachorro foi chamado para me cheirar. Os seguranças me olhavam com uma suspeita segura de que alguma barbaridade eu faria naquele país. Afinal, o que um sujeito que não anda iria fazer por ali e, ainda mais, sozinho?

É claro que eles não encontraram nada, mas um militar ficou de espreita o tempo todo em que permaneci no aeroporto em Medellín. Achei engraçado. Penso que nunca mais vou viver a experiência de ter um vigia empunhando armas tão ostensivamente perto de mim.

Como Salamanca, Cartagena é uma cidade histórica importante, mas, ali, a preocupação com a inclusão é quase zero. A cidade não tem rampas, as ruas são cobertas de pedras, os prédios são bastante antigos e sem acessos facilitados. A única forma de eu transitar por lá era com ajuda de outros brasileiros do curso – e eles foram grandes parceiros. A cidade tinha trechos íngremes, que exigiam redobrada força física para auxiliar um cadeirante.

Nesses casos, muitas vezes chega a ser constrangedor oferecer ajuda, pois a empreitada poderá ser custosa, mesmo diante da disposição e boa vontade de querer ajudar. É claro que quem precisa tem de botar a boca no mundo, mas, quando se encontram braços abertos para facilitar uma jornada, tudo se desenrola de maneira mais natural.

Já ouvi diversas reclamações de que pessoas com deficiência têm mau humor crônico, são "revoltadas" e não aceitam ser auxiliadas. Isso de fato ocorre. Para alguns, receber ajuda é se colocar em posição ainda mais inferior. Outros acham que são sempre capazes de arcar com as próprias limitações. Porém, vestir a carapaça de durão em situações de extrema dificuldade, em que é preciso vencer obstáculos físicos, por exemplo, é limitar as possibilidades de conhecer algo novo, de ganhar conhecimento, de viver com prazer.

Não dá para pirar com o sentimento de dó que os outros por acaso sentem a respeito de suas dificuldades, mas também não dá para abrir mão de certos princípios. Embora eu tivesse avisado de minha condição com antecedência, a organização do curso pareceu não ter se preocupado com isso. As demandas mais complicadas de acesso eram improvisadas de última hora, sempre com a desculpa de que era "difícil facilitar as coisas em uma cidade centenária", mesmo que ali fosse a morada de um grande escritor comunista.

Que raios de preocupação social era a do curso se, ao depararem com diferenças, os organizadores não sabiam como agir, não tinham um discurso firme sobre a igualdade de direitos e se conformavam em dar um jeito qualquer para o aluno cadeirante?

No dia da formatura do grupo, a organização ficou em polvorosa. O restaurante no qual a cerimônia seria realizada era cheio de escadas e eu teria de ser carregado no colo para chegar até o local da diplomação. Até então, nenhum aluno havia quebrado a tradição.

— Não aceito ser carregado. É perigoso, é um esforço grande para os outros e vocês poderiam ter pensando nisso antes. Não é possível que em Cartagena não haja um local de festas com condições melhores de acesso.

Na realidade, fiz essa *mise-en-scène* para marcar posição, para mostrar que todos têm o direito de ir e vir a qualquer lugar. Se o local da cerimônia não tinha acessibilidade, que mudassem para outro. O autor de *Cem anos de solidão,* àquela altura com a saúde já bastante debilitada, não participaria da festa, mas talvez me desse razão no pleito. Embora tenham oferecido a opção de alguém me carregar pelas escadas como um sultão, não arredei pé. Faltei à formatura.

o

Ir a Londres em 2012 para o evento mundial da Paraolimpíada era um sonho gostoso de viver para um jornalista cadeirante. Durante o voo, percebi que viveria uma experiência diferente de todas por que já tinha passado em minhas andanças pelos ares.

— Caso o senhor precise usar o toalete, não se acanhe. A equipe está preparada para ajudá-lo no que precisar — disse um dos comissários.

Nunca visitei a "casinha" de um avião. É impossível até mesmo pensar como seria usar aquelas cabines minúsculas. Já passei dez horas ou mais prendendo o guaraná na bexiga. Em voos ainda mais longos, o jeito sempre foi improvisar um saquinho de vômito como latrina. Como pessoas com deficiência, sobretudo aquelas que tiveram lesão medular, estão muito sujeitas a infecções urinárias, prender o xixi não é uma opção razoável.

A instrução para oferecer uma chance de alívio a pessoas com dificuldade de locomoção, contudo, não é uma regra nos voos. Imagino que as tripulações devam tremer só de pensar na logística exigida para fazer tal manobra complicada. Em geral, há uma cadeira de rodas bem estreita e pequena nas aeronaves para essas "emergências", mas também é possível fechar com cortinas um local de privacidade duvidosa para o cadeirante se aliviar.

No avião para Londres, não precisei recorrer aos comissários, mas só de saber que estavam prontos a ajudar, viajei mais sossegado. Aquela gentileza foi como um cartão de boas-vindas que recebi em uma viagem que marcaria minha história de inclusão.

Fiz de trem parte do percurso do aeroporto Heathrow até a zona de Docklands, onde ficavam o hotel e alguns dos locais das competições que eu iria cobrir para o jornal. A outra parte do caminho, para minha surpresa, fiz de táxi.

A novidade não era o táxi em si, mas a forma natural com que os profissionais conduziam pessoas com deficiência. Lá, os carros, em sua maioria, possuem adaptação sem muita parafernália para facilitar a entrada de um cadeirante. Uma rampa simples é acomodada na porta do veículo – que é bem espaçoso –, o cadeirante é colocado dentro do carro e pronto: o embarque está feito.

No Brasil (e também em outros países), taxistas têm pânico ao verem na rua o aceno de mão de um cego ou de alguma pessoa com menos mobilidade. Muitos dos motoristas acham uma chateação ter que guardar a cadeira de rodas no porta-

-malas, conduzir cães-guia, fazer um atendimento um pouco mais demorado.

Certa vez, em um dia chuvoso em São Paulo, fiquei quase uma hora parado em uma rua do centro à espera de um táxi. Tinha de fazer um exame de inglês, na zona sul da cidade, e não poderia faltar. Alguns carros chegavam a parar para me dar explicações: "Olha, a sua cadeira vai também? É que ela não cabe no porta-malas".

É claro que cabia. Sempre cabe, se há boa vontade e disposição para tomar alguma chuva e ajeitar as peças da cadeira dentro do veículo. Mas atender um cliente cadeirante significa mais tempo de trabalho e menos lucro.

Por onde quer que eu andasse em Londres, os acessos eram sempre fáceis e tranquilos, fosse nos ônibus vermelhos de dois andares, na roda-gigante London Eye, nas disputadas estações de metrô, nas ruas. Mais do que isso, notei que os londrinos tinham uma postura muito pouco convencional com relação a uma pessoa com deficiência. Os olhares, mesmo os das crianças, não pareciam curiosos, nem *blasés*, como os que encarei nos Estados Unidos, na França e na Holanda. Eram olhares que pareciam dizer: "Somos todos iguais, entendo suas diferenças". E assim pareciam endereçar suas boas-vindas a mim.

Evidentemente, o clima dos Jogos Paraolímpicos contagiava a cidade. As ruas estavam tomadas por gente sem pernas, sem braços, orientada por guias, de bengala, em cadeira de rodas, por anões e outros humanos em desconformidade com o "padrão". O planeta *malacabado* ocupava a capital inglesa.

Centenas de *outdoors* faziam propaganda dos competidores com deficiência como se fossem heróis, humanos acima da média. Na TV, *talk shows* com pessoas com deficiência eram programas rotineiros, sem falar nas competições, transmitidas o dia inteiro.

Mesmo assim, a explicação para aquele clima de acolhimento era mais profunda, pelo que consegui apurar em conversas com os britânicos.

— Nos quatro anos que antecederam os jogos, fizemos uma intensa conscientização em empresas, escolas e organizações para mostrar que as pessoas não são as suas diferenças nem suas incapacidades. Mostramos o valor dos atletas paraolímpicos e como eles são motivo de orgulho — disse-me Margaret Moore, uma líder do grupo de voluntários dos jogos.

Mesmo com todo esse ambiente favorável na Inglaterra, foi lá que passei um dos maiores sufocos profissionais da vida. Na noite da abertura oficial da Paraolimpíada, acomodei na mochila toda a parafernália tecnológica que eu havia levado para, diretamente do estádio, transmitir um texto para a redação em São Paulo. A fim de tocar a cadeira com maior liberdade, pendurei a mochila na parte de trás do encosto. Tudo corria muito bem, os apetrechos funcionavam a contento, a festa foi espetacular e pude constatar que eu não era o único jornalista com deficiência no mundo. A diversidade de corpos ocorria até mesmo entre profissionais de fotografia e audiovisual, tarefas que exigem mais mobilidade.

Eu estava esgotado quando, quase de madrugada, voltei de metrô para o hotel. As rígidas regras de segurança, entretanto, haviam fechado a estação que me deixaria bem perto do hotel. Fui obrigado a dar uma volta de cerca de 300 metros até chegar à central de revista, criada para garantir a integridade dos jornalistas que estavam hospedados ali.

Tirei o casaco, uma pequena bolsa com miudezas e coloquei no detector de metais. Virei de costas e pedi ao segurança que me ajudasse com a mochila pesada.

— Mas não tem nada aqui, senhor — disse o jovem soldado.

Gelei, tremi e imediatamente me vieram à mente as dificuldades que enfrentaria para trabalhar por quase vinte dias em Londres sem notebook, sem *modem* de transmissão, sem celular, sem carregadores, sem cabos de energia e sem blocos de anotação – tudo aquilo que eu guardava na mochila.

Outros exaustos jornalistas se amontoaram para saber o que havia acontecido ao cadeirante com cara de desespero. A comoção atingiu os homens do Exército e os voluntários.

— Vou fazer o caminho de volta para ver se encontro a mochila — eu disse.

Tão logo tomei a decisão, porém, um grupo de pessoas me deteve e disse que cuidaria da tarefa. Voltaram em menos de quinze minutos, com uma pessoa a mais na turma: um solícito jornalista mineiro, que encontrara a mochila na rua.

— Estava caída na beira de uma sarjeta, intacta — disse ele. — Vi o emblema do jornal e logo imaginei que pudesse ser de algum repórter hospedado aqui. Peguei e trouxe.

O rapaz de olhar atento foi a minha salvação em Londres.

°

A garçonete parecia incrédula e até indignada com minha pergunta. Respondeu, meio espantada, meio irônica:

— É claro que temos banheiro acessível... Fica ali, no final do corredor.

Ri sozinho: sabia que, para sempre, eu teria essa história para contar. Eu estava não propriamente em um pé-sujo, mas em um boteco na área central de Manhattan. Jamais imaginaria que fosse tão óbvio o respeito ao meu direito de tirar água do joelho naquele lugar. Foi em Nova York que senti, como em nenhum outro lugar, uma grande liberdade.

Acordava cedo e rodava sem destino certo, apenas para sentir o gosto saboroso de poder ir e entrar onde eu bem quisesse. Via o símbolo universal da pessoa com deficiência, aquela ilustração com a imagem de um cadeirante, nas portas de lojas chiques e não titubeava: apertava o botão para ver o que acontecia. Às vezes, a porta se abria automaticamente; outras vezes, um segurança aparecia para informar o lugar de acesso fácil.

Mais do que esses recursos amigáveis, eram as pessoas que me chamavam muito a atenção na cidade. Pela Quinta Avenida passeavam cegos, amputados com as próteses mais variadas, idosos em passos minúsculos, tribos de surdos gesticulando, seres com paralisia grave a bordo de cadeiras motorizadas, às vezes carregando seu cachorro. Era tanta diversidade como eu só tinha conseguido ver até então em alas ortopédicas de grandes hospitais ou em grandes eventos de tecnologia de auxílio às deficiências. Mas eu nunca tinha visto essa gente assim, solta pela rua.

Um aspecto importante da cultura inclusiva americana eu tive de aprender sofrendo um bocadinho. Em dado momento de meu passeio pelas calçadas que pareciam feitas de porcelana, eu me deparei com um cruzamento longo. A rampa de acesso ao passeio, porém, estava sendo consertada. Eu teria que usar uma rampa provisória, um pouco íngreme. Fiquei ali esperando a ajuda de alguém como um cão em porta de açougue. As pessoas passavam por mim, muitas pessoas, mas nenhuma me lançava um olhar sequer, enquanto eu torrava sob o sol. Nenhuma delas parecia se interessar pela enrascada em que eu estava. Quando, por fim, resolvi encarar sozinho a travessia, um jovem se aproximou oferecendo ajuda. Era, é claro, um brasileiro.

Nos Estados Unidos, dificilmente as pessoas irão tocar em você, caso não sejam solicitadas a fazer isso. Evitam até mesmo olhar para a gente, para não gerar mal-entendidos.

o

Contemplar sentado a arquitetura grandiosa e arrojada de Berlim dá uma sensação de tremenda pequenez. Quase tudo na capital alemã tem dimensões imponentes. Há locais que, ao mesmo tempo que fascinam, geram o receio de que seremos esmagados a qualquer momento. Mas foi diante de uma atitude inclusiva enorme que eu e minha mulher, cujo fôlego para me empurrar por quilômetros durante nossas viagens causaria inveja a um maratonista experiente, ficamos verdadeiramente embasbacados.

No Museu Judaico, com milhares de instalações e peças, algumas nos chamaram especialmente a atenção não pela importância memorialística ou pelo valor artístico, mas porque ficavam em um pequeno mezanino ao qual se pode ter acesso por escadas ou por um elevador específico para cadeirantes que funciona na diagonal, paralelo às escadas.

Espichei o olho para o guarda mais próximo e, imediatamente, sem esboçar a menor preguiça, ele veio acionar a geringonça para que eu pudesse explorar as pouquíssimas obras dispostas no andar de cima. Enquanto subia, trocava olhares incrédulos com a minha mulher, que, lá de baixo, fotografava e ria sem freios.

Por várias vezes, no Brasil, não pude conhecer belezas guardadas em lugares sem acessibilidade, em "prédios históricos difíceis de mexer". Tive de dar de ombros por não conseguir contemplar o que todos podiam. De repente, estava vivendo em Berlim uma situação em que haviam pensado "em mim" como cidadão de direito absoluto para poder ver as obras que eu bem entendesse. Como diz um velho amigo de infância, senti-me "igual como se eu fosse gente", tratado a pão de ló.

o

Também incrédulos e tomados por gargalhadas, minha mulher e eu chegamos bem pertinho da *Mona Lisa*, no Museu do Louvre, em Paris. Não tínhamos a pretensão de nos aproximar muito do quadro de Da Vinci, cercado por turistas do mundo inteiro, inclusive alguns entusiasmados brasileiros, mais interessados em fazer *selfies* do que em admirar a obra. Porém, quando nos aproximamos da sala lotada, sem nenhuma esperança de que os turistas abrissem caminho para um ser com estatura desprivilegiada, uma equipe de seguranças entrou em ação.

Em segundos, estávamos com a cara colada na moça das feições mais misteriosas de todos os tempos, com direito a uma foto básica de turistas, feita por um dos guardas. Confesso que foi gostoso ver a multidão se roendo de inveja da chance que tivemos – e que todas as pessoas com deficiência ou mobilidade reduzida também têm, conforme a regra do Louvre.

Ao ver a *Mona Lisa* tão de perto, sem ter de enfrentar muvuca, senti ao mesmo tempo entusiasmo e aflição, uma vontade de apressar-me e sair dali da frente dela, para liberar minha posição privilegiada para outros visitantes. Toda pessoa com deficiência e alguma consciência tem receio que entendam como regalia algo que lhe é básico, como ter um campo de visão mais livre, uma vaga maior no estacionamento, uma rampa.

Na Holanda, a surpresa foi, em um hotel popular, sermos alojados em um quarto todo envidraçado, com uma vista cinematográfica e inesquecível de Amsterdã.

— Já que o senhor terá mais dificuldade de andar pela cidade, poderá contemplá-la do alto — disseram-me no hotel.

Na primeira noite, dormimos com todas as cortinas escancaradas, extasiados com aquele banquete visual de luzes e movimentos quase ininterruptos de pessoas de todos os tipos zanzando pelas ruas. Era interessante observar a mistura: executivos andando de bicicleta, todos em trajes formais, e adolescentes meio sujões e desligados de qualquer preocupação com elegância.

A Capela Sistina, no Vaticano, eu quase não tive coragem de contemplar. Para apreciar a obra de Michelangelo, era necessário passar por um caminho alternativo, pois o convencional tem muitas escadas. Parte do trajeto é feita por meio de um elevador do pânico, com pouca proteção lateral, e parte, com auxílio dos guardas, pois é formada por degraus curvos, sem rampas e que exigem ajuda para serem vencidos. Apesar disso, não poderia perder a oportunidade de conhecer aquela obra-prima do Renascimento.

Quando entrei na Capela, um novo desafio: conseguir circular sobre rodas em meio à multidão ávida por encontrar no teto representações religiosas da Criação de Adão ou do Juízo Final. Mas ninguém resistiu a abrir alas para mim, a fim de que eu pudesse circular pelo local e sentir as emoções ali guardadas. O lado bom foi que, ao meu redor, o que mais havia eram pessoas me admirando e possivelmente pensando que eu deveria agarrar a mão de Deus.

Conhecer melhor como os olhares do mundo reagem às diferenças sempre me renova a esperança de conquistar mais respeito, integração e de poder exercer a minha cidadania de maneira mais completa, autônoma. Também me revela, no entanto, que são universais e onipresentes alguns valores tortos, como avaliações apressadas sobre habilidades e desabilidades alheias, incômodo com a força física dos outros e receio de interagir com os "diferentes".

Olhar de amor

— Filha, sente-se ali na outra poltrona. Deixe o Jairinho deitar no sofá. Ele precisa esticar a coluna, descansar um pouco. A viagem até aqui foi dura para ele...

Olga, minha tia-avó materna, quase nonagenária, nunca fez cerimônia para garantir mimos e confortos para mim, mesmo depois de eu me tornar um adulto barbado. A "filha" em questão era minha mulher, que eu apresentava a ela pela primeira vez e que havia dirigido o carro e se cansado tanto quanto eu durante a viagem até Curitiba, no inverno de 2014.

Fazia quase uma década que eu não via tia Olga, que na minha infância em Três Lagoas sempre tentava, sem lamúria, contribuir com minha mãe na tarefa de me incentivar a enfrentar o mundo. Agia com dedicação para que eu estudasse, pois sabia que o conhecimento seria um instrumento fundamental para eu me firmar na vida. Por isso e para que eu não "gastasse demais as energias" tocando a cadeira de rodas, era na casa dela – bem mais perto da escola integral – que, durante a maior parte da semana, eu almoçava, fazia a sesta, descansava e ouvia histórias de família.

Tia Olga também escondia trocados na minha mochila para eu gastar com livros e algumas bobagens (e, para minha perplexidade, ela fez a mesma coisa na minha última viagem de férias). Servia sem pudores, e incondicionalmente, de "carregador de energias" de minha mãe, um tanto cansada e desgastada pelas cruezas diversas que encarava sozinha havia anos.

É fundamental para um processo de independência e fortalecimento da pessoa com deficiência haver algum tipo de apoio à sua família, sobretudo às que não são devidamente estruturadas. Ao longo dos anos, o peso da exclusão vai comprometendo mais a renda e a paciência, o que pode desmotivar os familiares e travar um processo de evolução emocional, de enfrentamento do desafio sensorial ou físico imposto.

No meu caso, esse suporte veio na hora certa, em um momento de transição da vida, embora o auxílio não tenha sido programado ou planejado.

Quando ficou viúva e resolveu se mudar para o Paraná, tia Olga vendeu sua casa, bem localizada, no centro da cidade, para a minha mãe, que fez um negócio da China. Tivemos um salto de qualidade de vida, por dispormos a partir de então de mais espaço e mais comodidade. Adeus à lonjura, ao aperto dos cômodos, ao barro das ruas.

Quando me mudei para São Paulo, outra tia-avó logo se apresentou para me acudir e para garantir que eu vivesse de forma minimamente razoável. Tia Leda, com quem eu não tinha convivido até então, vinha de São Bernardo do Campo, na Grande São Paulo, até o "hotel dos vampiros" onde eu morava para me levar frutas, recolher minha roupa suja e trocar por mudas limpas. Sempre se dispunha a fazer "o que fosse preciso" para que eu tivesse um pouco mais de conforto naquela nova fase de minha vida. Passava relatórios detalhados do meu dia a dia para minha mãe, elogiava o meu "esforço" e me motivava sempre.

Em muitas ocasiões, os olhares de amor vieram dos velhos. Não sei explicar objetivamente por que isso ocorre, mas especulo que alguma coisa une os idosos e os deficientes. Eles compartilham, muitas vezes, o sentimento de terem sido abandonados à própria sorte em alguns momentos, além da debilidade natural que afeta o andar, a visão, a audição. Uns e outros também têm uma maneira particular de analisar o que se passa ao redor, com mais calma e menos prejulgamentos.

Os velhos costumam exibir olhares de piedade e raramente controlam manifestações de dó diante de deficientes. Mas sabem se solidarizar de uma maneira única, com ações que, embora simples, colaboram afirmativamente para a inclusão e o fortalecimento do caráter.

Para alguns idosos, o conceito provocativo de *malacabado* transmite um valor hostil, é visto como algo moderno demais, agressivo. Para eles, faço concessão algumas vezes. Tolero até que digam "especial" e a intragável expressão "exemplo de superação".

Quando, na infância, precisei morar em Brasília para fazer a reabilitação de parte do meu corpo e dos movimentos, conheci dona Maricota, que, naquela época, ostentava quase cem anos. Entre uma consulta e outra, entre uma internação e outra, eu adorava ficar na frente da enorme casa da pensão que me abrigava, junto com minha mãe, naqueles momentos tão duros. Adorava gastar horas ali vendo o movimento da w3 Sul, uma via importante da cidade. Dona Maricota me mirava de longe com elegância e discrição. Um dia se aproximou e puxou conversa. Queria saber tudo sobre minha condição e meu futuro, queria ser minha amiga e acabou se tornando uma grande amiga.

Eu tinha onze ou doze anos e me encantei por ela, que me convidava para tomar chá em sua casa espaçosa e bem decorada, coisa que eu desconhecia, e para brincar com um jogo de palavras, cujo significado e grafia muitas vezes ela ia me ensinando.

Sentia muito amor em sua paciência e dedicação. Quando voltei definitivamente para a minha terra, ela me fez firmar uma promessa que jamais esqueci:

— Nunca passe a limpo as cartas que você me mandar. Quero sentir exatamente o que ocorreu no momento em que você dedicou o seu pensamento a mim, com as rasuras, as emoções das expressões repetidas, o peso da mão dobrando o papel.

Foram vários anos de trocas quinzenais de cartas. Não sei quantos assuntos de minha vida interessavam a ela, mas eu sempre escrevia. Um dia, não tive mais respostas de dona Maricota, que tanto me acarinhou com seus olhos cansados, mas sempre lúcidos, atentos e companheiros.

o

Desde as primeiras vezes que nos vimos, Thaís me encarava com uma adoração que eu jamais havia recebido. Ela não parecia estranhar nada relativo às minhas diferenças. O que lhe interessava eram o entusiasmo das minhas palavras, as piadas sucessivas, o desejo de conhecer mais.

Até então, nos meus planos íntimos, eu jamais abriria mão da minha liberdade. Mas abri. Eu jamais me casaria, mas me casei. Não saltaria de tirolesa, mas saltei. Não deixaria meu sogro me pegar no colo, mas deixei. Não pretendia ter filhos, e tive. Tudo por causa daquele olhar.

Não dá para brincar com os olhos do amor. Eles nos amarram de uma maneira tão surpreendente que não se percebe a prisão, mas apenas as transformações que vão produzindo naquilo que se imaginava imutável, uma rocha.

Brasileiríssima em beleza, de coração leve e jeito de quem se importa em viver sempre feliz, a moça fez brotar muita água de suas fontes nos olhos por causa de minhas convicções de macho solitário e de sujeito preso a um individualismo bobo. Derrubou com uma precisão de Ivo Pitanguy cada uma de minhas barreiras, até nos casarmos e tudo virar um jardim de felicidade.

Certa vez, em Paris, estávamos exaustos de tanto andar e de ver tantas belezas... Quer dizer, eu rodava, com o apoio dela, que fazia das suas pernas o impulso que me faltava para vencer qualquer obstáculo e seguirmos desfrutando daquelas alegrias sensoriais em forma de jardins, pontes, gente elegante e artes. Resolvemos descansar um pouco. À beira das ladeiras que levam até a majestosa basílica do Sacré-Coeur de Montmartre, vivemos um impasse mais do que romântico.

— Suba você, amor. Fico aqui na banquinha de frutas apreciando as francesas — disse eu.

— De jeito nenhum! Sem você não tem graça. Eu não vou nem amarrada — rebateu ela.

Insisti. Argumentei que seria bacana demais ouvir o relato dela sobre o lugar, ver as fotos e saber das fofocas dos turistas atrapalhados.

Ela só decidiu ir depois de eu ameaçar ficar muito bravo com a situação. Chorou, fez cara fechada, foi e voltou na velocidade do desespero, com pouquíssimos retratos e esbaforida. Quando retomamos o passeio juntos, ela sorria como se tivesse ganhado flores do campo. Até hoje reluta como pode em representar a minha visão nos locais que não posso apreciar por conta própria por causa de escadarias e outros perrengues arquitetônicos.

— Fico tão nervosa sem você que não acho nada bonito, nem presto atenção. Só penso em voltar logo.

Não há, evidentemente, diferenças no amor dos diferentes, mas há, sim, outra forma de entrega e de acomodação. Thaís nunca foi carregada no colo por seu amor às portas da suíte luxuosa. Não correu com ele ao vento, de mãos dadas, os cabelões esvoaçantes. Nunca cogitou experimentar com o amado uma aventura de sedução em locais inóspitos. Muito pelo contrário, ela sempre esteve ligada para facilitar tudo e para que pudéssemos deixar a nossa paixão fluir sem sobressaltos, sem incômodos e sem climões.

o

O plano era iniciar as tentativas de engravidar durante as férias no Sul. Então, por meio de fotos escolhemos um daqueles lugares que inspiram os fluidos a se movimentarem a toda a velocidade: desejo sem intervalos, beijos ardentes, corpos inquietos.

A suíte da pousada tinha janelas amplas e envidraçadas, que abriam caminho para uma visão capaz de cravar na mente um tempo de felicidade: o vale do Quilombo, com seus morros verdes emoldurados pelo azul do céu e pontuados, com requinte, de casinhas de madeira bem simples e quase imperceptíveis, notadas apenas pelos muito observadores. O quarto tinha uma banheira psicodélica que emitia luzes, produzia borbulhas, massageava até o último fio de cabelo e ainda sintonizava rádios que entoavam cantigas gaúchas. Um luxo.

Dirigimos quase mil quilômetros para estar ali e não haveria força capaz de nos impedir de fabricarmos dias de intenso romance naquele lugar. Conviver com cadeirantes, todavia, sempre reserva emoções e inconvenientes inesperados. Sempre.

— Peço mil desculpas, mas a atendente que fez a reserva para vocês não atentou para o fato de que a porta do banheiro é muito estreita e a cadeira não vai passar — disseram na recepção do hotel.

Com a convivência, Thaís criou um mecanismo psicológico que dispara reações imediatas quando somos confrontados com dificuldades impostas a mim, mas que, fatalmente, a atingem também. Ela age com velocidade para que eu não me magoe diante do óbvio: falta muito para que o mundo todo dê a atenção devida às minhas diferenças, que são as mesmas de milhões de pessoas.

— Amor, vamos embora, vamos procurar outro lugar porque aqui não rola de a gente ficar — resolveu Thaís.

Acalmei-a, percebendo que ela já tinha lágrimas de raiva preparadas, mas contidas, e lancei mão daquilo de que sempre me vali para conseguir atuar minimamente na vida social. Dei um jeito.

Era possível, sim, atravessar o espaço da porta do banheiro, embora esbarrando no batente. Para que eu conseguisse entrar com algum conforto no "tanque de espumas", criamos uma logística maluca, que envolvia um banco de madeira, montanhas de toalhas e um guincho formado pelas pernas de Thaís. E assim aramos a terra onde brotaria, semanas depois, o resultado desse enlace feito de encantamento incondicional e sublime: o nosso bebê, cujo olhar, oxalá, será narrado em outro livro.

Thaís já me amparou com forças de Hércules para que eu não capotasse com a cadeira no meio da rua, já foi minha voz em microfones de salas apertadas em que eu não consegui entrar, já venceu por mim escadarias para cumprir compromissos burocráticos. Esteve comigo no glamour e na lama, sempre disposta a defender que entre nós predominasse o sentimento de que não estamos juntos para pagar promessa ou para fazer bonito para o espiar alheio.

Os olhos do amor ocupam um lugar tão poderoso em minha vida que assumiram para si os confrontos com obstáculos que não são deles, avermelham-se com raivas que não lhes pertencem, vibram com conquistas em batalhas que, voluntariamente, lutaram ao meu lado.

Tenho claro que minha mulher pôs de lado segurança e sonhos pessoais, formando comigo um laço para novas formas de realização. Tenho claro que o amor que ela me dedica se sobrepõe às minhas impropriedades físicas e complementa de forma incondicional tudo o que me falta. Juntos, somos completos.

o

Seria muita audácia de minha parte citar aqui olhares de amor que, ao rodar pelas ruas, recebi de relance, de pessoas alheias ao conteúdo da minha existência, mas não posso deixar de lembrá-los.

Alguns estavam meio escondidos em gente que saía empurrando minha cadeira num impulso de solidariedade – e ser solidário é ser amável. Outros estavam guardados em pessoas que, pacientemente, cederam a vez nas filas, abriram lugar no espaço quase inexistente dos trens do metrô, assistiram a shows agachados durante horas para não empatar a minha visão, esbravejaram contra as injustiças da exclusão, cobraram acesso pleno, não se chatearam com árduas manobras para que eu conseguisse entrar em um avião.

Reconhecer o olho do amor transeunte e piscar de volta talvez seja tarefa mais complicada do que esbravejar contra as visões deturpadas. É assim porque amar de fato as diferenças envolve sutilezas difíceis de captar no mundo moderno sem a ajuda de artefatos como lupas, binóculos ou microscópios.

Ora elefante, ora formiga

Parecer ora um elefante, ora uma formiga é uma dualidade que esteve presente em todas as fases da minha vida. Se às vezes a deficiência e suas necessidades foram ignoradas e nada que garantisse alguma paridade de oportunidade foi oferecido a mim, outras vezes a cadeira de rodas tomou uma dimensão bem maior do que de fato tinha, tornando-se um impeditivo para interações simples, como aproveitar o dia lá fora. O olhar alheio, seja pela força das impressões que gera, seja pela sua superficialidade, não teme atropelar os sentimentos de qualquer ordem.

Um dos momentos em que me senti elefante deu-se no último ano do ensino médio, o mais estratégico para quem pretendia prestar vestibular, começar o aprendizado de uma carreira e ter uma nova vida, mais independente e com mais oportunidades.

Havia dois anos eu estudava no mesmo colégio, o melhor de Três Lagoas, graças a uma bolsa de estudos que me concederam com a condição de que eu tivesse boas notas. Como sempre gostei de aprender, de interagir com os professores, de obter conhecimento, conseguia me manter por lá com certa tranquilidade.

No início de todos os anos letivos, tinha de ir à direção para saber se a bolsa estava confirmada. Pagava apenas o material didático, cujo custo já representava um valor bem alto para a minha família, algo como um quarto de salário mínimo. Para ajudar na despesa, eu dava aulas particulares para colegas, economizava dinheiro presenteado por parentes e poupava minha mãe de pedidos de roupas, tênis e trocados para diversão.

Em plenas férias escolares de janeiro de 1993, fui ao colégio tratar de minha última renovação de matrícula. Estava tenso, pois encarar Mauren, a diretora da escola, não era missão das mais simples. Mulher austera e de nenhum sorriso, ela nunca esboçava simpatia pela minha "causa". Era uma época em que não havia preocupações em fomentar a inclusão escolar.

Entrei na sala suando frio, não estava seguro de que aquela conversa iria limitar-se a um acerto de questões formais. Algo me indicava que receberia chumbo grosso.

— Olha, não posso garantir a sua vaga. Sua cadeira é grande e ocupa o lugar de quase três estudantes convencionais. Teremos de ver se sobrará um espacinho para você na sala. Depois que as aulas começarem, vou decidir. Volte daqui a algumas semanas.

Eu era um elefante, mas daqueles de extrato de tomate, que não assustam ninguém. Para um adolescente, aquilo era uma humilhação profunda. A situação em si, o tom de voz, o jeito *blasé* da diretora deixariam em mim uma mágoa insuperável. Faltavam-me argumentos, força e coragem para retrucar, para dizer a ela que havia cumprido a minha parte, era um bom aluno e que aquele "favor" seria fundamental para a minha vida. Voltei para casa arrasado, humilhado.

Sempre recarreguei meu ânimo e minha disposição no olhar da minha mãe: firme, determinado e encorajador. Naquele dia, ficamos em silêncio por um bom tempo, digerindo aquela tristeza, aquele momento que fazia sangrar a nossa pobreza, expunha a nossa fragilidade, a nossa impossibilidade de mandar aquela mulher para o inferno e recomeçar tudo em outro lugar.

— Seu estudo é sua ferramenta mais importante para enfrentar o mundo. Vamos ter paciência, vamos esperar até o começo das aulas, meu filho. Deus proverá...

"Deus proverá" foi quase um mantra materno em minha vida. Sem instrumentos concretos para influir naquilo que, na nossa lógica, parecia injusto, preconceituoso e desprovido de qualquer noção de cidadania, recorríamos, ao menos para aliviar as dores da consciência, à ajuda do divino.

O que mais me incomodava e doía era ser visto como alguém que, com sua armadura de rodas "imensa", roubava espaço dos ricos alunos pagantes. Caso eu continuasse naquela escola, teria de conviver o ano todo com o pensamento de que, aos olhos da diretora, eu era um oneroso elefante.

Fui um dos primeiros a chegar para o início das aulas. Meu nome não estava na lista dos alunos do "terceirão" regularmente matriculados. Os colegas iam entrando pela portaria cheios de novidades das férias e eu só tinha silêncio e angústia para oferecer. Não sobrara espaço para mim. Fui para casa ainda mais arrasado, com os pensamentos embaralhados, sem ter meios, palavras e ações para reagir, gritar, pedir socorro. Mais do que ficar ou não ficar naquele colégio, a falta de "espaço" significava um rompimento com o ritmo dos estudos, com os colegas, com meus próprios sonhos.

No dia seguinte, o diretor pedagógico foi até a minha casa para me buscar. Encabulado, pediu desculpas, falou para esquecer tudo aquilo e garantiu que eu iria estudar no colégio de qualquer jeito.

Para mim, pouco importavam as dores na alma. Botei a carapaça paquidérmica e segui em frente, no mesmo colégio, onde, no final do ano, recebi troféu e medalha de melhor aluno. A diretora cumprimentou-me como se nada tivesse acontecido. Para ela, talvez, nada de relevante tivesse ocorrido de fato e sua atitude anterior não passasse de uma decisão administrativa. Para a formação de minha carapaça *malacabada*, porém, aquele episódio pesa até hoje.

o

É na rua, nas relações da vida cotidiana, no lá fora, onde todos se misturam, interagem sem os protocolos e disciplinas da escola e do trabalho, sem a cordialidade das amizades e sem a pressão do chamado "politicamente correto", que os julgamentos se manifestam de maneira mais feroz em relação às diferenças.

Quando não há espectadores que comprometam a força do preconceito, a estupidez do egoísmo e o resultado do show, o olhar lançado a um cadeirante, um cego ou um paralisado cerebral ganha contornos ainda mais marcantes e viscerais.

São momentos em que as diferenças os transformam em formigas prestes a serem lançadas para fora da mesa num sacudir da toalha, em pessoas que, num relance, são observadas com desprezo por gente que ignora totalmente as necessidades específicas para viver no mesmo plano de igualdade que os outros.

É o que ocorre quando o taxista não para porque acha que o atendimento vai ser muito demorado ou porque o cão-guia irá sujar o automóvel. É o que ocorre quando o sujeito estaciona descaradamente seu carrão na vaga demarcada no supermercado. É o que ocorre quando a dondoca se enfia ligeiramente no elevador e deixa que a porta se feche antes que o rapaz de muletas consiga entrar. É o que ocorre até mesmo na porta dos banheiros reservados às pessoas com deficiência.

— Moça, esse banheiro é exclusivo de cadeirantes. Não tenho como usar os outros, pois as portas são muito estreitas e a cadeira não cabe. O feminino convencional fica logo ali ao lado — aponto com o dedo.

— Eu sei, mas eu gosto desse aqui e vou usar esse mesmo — a moça responde.

A loira debochada não tinha pudores em me tratar como formiga. Eu aguardava outra pessoa, também sem deficiência, liberar a "casinha" para que eu fizesse uso dela. Ela chegou e ficou à minha frente, sem a menor cerimônia.

— Moça, eu vou entrar primeiro. É meu direito. Faço um "barraco" aqui se você insistir.

Mexendo no celular, ela nem me vira o olhar. Está convicta de que eu não sou ninguém.

— Pode ir, então...

Esse tipo de enfrentamento, cada vez mais comum com o avanço de medidas inclusivas, é angustiante e provoca um nível de estresse que perdura durante semanas na mente. Ter de explicar que uma diferença física ou intelectual acarreta uma condição social diferente e, portanto, provoca mudanças na concepção convencional da cidadania é algo um tanto desgastante.

A ignorância de algumas pessoas sobre as razões que levam gente com deficiência a ter "privilégios", como espaços reservados e entradas especiais, desmobiliza, algumas vezes, a coragem de sair às ruas e mostrar a cara. Já há registro de casos em que a defesa dos direitos à diversidade descambou para discussões acaloradas ou mesmo para a violência. É a formiga lava-pés reagindo para sobreviver.

Sou comedido nas ferroadas. Fico cansado diante da hostilidade, da falta de entendimento, mas poucas vezes deixo barato alguma pendenga. Registro uma reclamação, chamo o gerente, escrevo um bilhete ou solto um desaforo qualquer. Foi assim com o episódio do banheiro.

— A senhora não deveria usar esse espaço. Ele é reservado e é minha única opção, enquanto a senhora tem outros vários à disposição, ali mesmo — eu disse para a mulher que saía.

— Você tem razão. Foi erro meu, não vai mais acontecer — prometeu ela, ao deixar o banheiro, diante da loira, que fingia estar em outro planeta.

A faxineira que observava tudo foi juíza de conciliação do caso e interveio quando a moça ensaiou passar na frente.

— É ele agora!

Tentei vencê-la pelo cansaço demorando ao máximo para aliviar a bexiga. Esperava que uma ressaca moral a abatesse, então retardei o quanto pude a minha saída do banheiro, lavando as mãos lentamente, mas nada fazia arrefecer o ímpeto da moça.

Quando abri a porta, ela entrou, sem pudores. Fiquei me sentindo como a formiga que naufraga em um balde de água, sem nenhuma chance de salvação. Durante toda essa confusão, minha mulher me aguardava em uma loja qualquer, em um ponto próximo dali. Fui até ela frustrado e contei o que havia ocorrido.

Enquanto nos consolávamos, a loira entrou na loja ao lado daquela em que estávamos. Era funcionária do local, um comércio de artigos esportivos que vendia a imagem de vidas saudáveis.

Não titubeei. Entrei na loja, chamei o gerente e tive com ele uma longa conversa sobre a importância da cidadania para a imagem das empresas. Ele me ouviu atentamente, ao mesmo tempo que disparava olhares de repreensão para a loira.

Fiz também uma queixa formal na administração do shopping, que se comprometeu a fazer uma campanha entre os funcionários. Fiz meu trabalho de formiguinha.

o

— Pode, por favor, fechar a conta?

Meio sem graça, o atendente simplesmente agiu como se eu fosse invisível, olhou para minha mulher com sorriso de cachorro que roubou o bife do jantar e perguntou:

— A senhora vai pagar como?

— Eu? Ele é quem vai acertar tudo — esbravejou minha mulher, apontando na minha direção.

O rapaz, porém, parecia ter certo bloqueio psicológico para se dirigir a mim, algo que ocorre com frequência entre vendedores, prestadores de serviço ou pessoas que dão informação. Algumas pessoas têm receio de falar diretamente com uma pessoa com deficiência. Penso que, em seu íntimo, paire uma dúvida sobre a sua capacidade de estabelecer um diálogo com um cadeirante ou um surdo. Quando entro em alguma loja, quase naturalmente ocorre de o vendedor olhar ao redor e procurar o meu "acompanhante".

Não raro também acontece de me perguntarem, quando entro em algum recinto público, se estou "sozinho mesmo". Para o senso comum, deficiência e independência são conceitos que ainda não se bicam, por mais que, atualmente, a tecnologia, o preparo individual e as adaptações diversas já permitam que tetraplégicos dirijam, que pessoas sem os membros superiores cuidem de bebês, que downs façam faculdade, que cegos manejem equipamentos eletrônicos com a desenvoltura de *nerds*.

o

— Teve consumo no frigobar, senhora?

Ela já estava afastada do balcão, e cabia a mim fazer o pagamento da conta. O atendente achou, no entanto, que deveria perguntar à minha mulher, não ao cadeirante na sua frente. Ela não respondeu nada, apenas olhou para o moço e, como sempre faz, apontou para mim.

— Duas águas minerais e um chocolate, amigo — disse eu, entre o deboche e o riso.

Como notei que aquela batalha estava perdida, resolvi me antecipar. Saquei o cartão de crédito e coloquei-o sobre o balcão. O atendente pegou o objeto, anotou o valor na maquininha, esperou a conexão e não teve dúvidas:

— A senhora pode digitar a senha para mim, por favor?

o

Embora exista um escaninho chamado "pessoas com deficiência" – subgrupo de *serumano* –, onde estão contidos os "sem sorte", os "coitadinhos", os vitimados pelas desgraceiras da vida, não há dentro desse universo padrões que permitam estabelecer um tipo comum e unitário de comportamento.

Um cego não sabe, necessariamente, como vive e quais são as peculiaridades de um surdo. Centenas de razões podem levar um cadeirante a "andar sentado", e não uma só dificuldade motora claramente definida. Por essa razão, até entre os *malacabados* há distinções de olhares, ocorrem impressões erradas e espalham-se conceitos equivocados.

Quando se pergunta, por exemplo, a um paralisado cerebral com sequelas importantes de fala e de movimentos qual seria a "pior deficiência", ele provavelmente vai indicar alguma diferente da dele, como a surdez ou a cegueira. Para os cegos, não ter mobilidade, não ter a chance de correr, de ficar em pé, é uma perspectiva "terrível".

Se há algo que caracterize os entreolhares de pessoas com deficiência, ou seja, as pessoas do mesmo time, é a tolerância a mais diante das dificuldades de acesso, algum pudor em julgar, alguma reflexão antes de lançar opiniões. Assim mesmo, toda generalização de caráter para membros desse clube vai incorrer em erro.

Entre os diferentes, não existe essa identidade que os ditos normais atribuem de forma equivocada ao povo quebrado das partes. Não há qualidades essenciais comuns a todos os seres que têm alguma deficiência: eles não são todos bonzinhos, isentos de maldades, assexuados, conformados, especiais, iluminados, cumpridores das missões divinas mais desafiadoras. Assim, mesmo entre os "irmãos de causa", há prejulgamentos e preconceitos. Com o crescimento da importância das redes sociais, é possível analisar esse ponto com mais propriedade. Existem cadeirantes que criticam outros por causa da dedicação excessiva ao físico (são os *malacabados* sarados), existem os que não entendem a orientação sexual externada por determinada pessoa e existem ainda os que defendem milagres em vez de reabilitação. Dentro dos diferentes, moram outras diferenças, tão grandes ou maiores que a própria condição física, sensorial ou intelectual.

o

— Vai ter de rebocar o avião, não tem outro jeito de tirar ele dali.

Ele, por acaso, era eu, dependurado a uns cinco metros do solo em um ambulift, geringonça inventada para erguer o cadeirante até a altura de uma aeronave, sem o transtorno e o incômodo de ele precisar ser levado no colo pelas escadas.

Estava em Fortaleza passando férias com minha mulher e voaria de volta para São Paulo em uma madrugada sufocante do verão de 2010. Chegamos cedo ao aeroporto, naquele clima de ressaca que bate na gente depois de alguns dias de muita caranguejada, passeios "com emoção" em dunas de areia e sol escaldante. Queríamos apenas entrar logo na aeronave e desembarcar em casa o quanto antes.

— Traz ele por aqui — dizia o despachante da companhia aérea à minha mulher na hora do embarque.

— Pode falar comigo mesmo — retruquei ao funcionário, que sorriu.

Fui colocado dentro da máquina, uma espécie de guindaste, juntamente com um operário. Tudo parecia tranquilo, embora a exposição ao risco fosse evidente. A caixa que me acondicionava era pequena, muito aberta e estava próxima da fuselagem do avião. Normalmente, os ambulifts têm estruturas mais espaçosas e são manejados em operações bastante criteriosas e aparentemente seguras.

Ligaram o motor, acionado por baterias elétricas, e o aparelho entrou em funcionamento. Começamos a subir até a altura da porta do avião. No meio do caminho, porém, o ambulift parou de funcionar. Ficamos suspensos no ar, tendo como vista um Boeing 737.

— Ih, acabou a bateria! Não vai nem para baixo nem para cima! — gritou o operador ao meu lado.

Para ganhar tempo, os outros passageiros foram autorizados a iniciar o embarque, o que não é comum, pois primeiro é preciso "acomodar as prioridades". Todos os que iam entrando aproveitavam para dar uma espiadela no aleijado dependurado.

Depois de meia hora de tentativas para fazer a máquina voltar a funcionar, o equipamento emitiu um estalo assustador que me fez clamar por Nossa Senhora da Bicicletinha, minha santa inventada, protetora de todas as pessoas que usam rodas.

— Se a gente cair daqui, a gente morre! — berrava o corajoso funcionário que me acompanhava.

— Vamos tentar recarregar a bateria — sugeria um operador em terra.

— Impossível! O carregador está quebrado — respondia outro.

Pelas janelinhas da aeronave, os passageiros embarcados acompanhavam o drama que já se prolongava por mais de uma hora com expressões que pareciam dizer: "Até que horas esse aleijado vai empatar a minha viagem?", "Esse coitado vai ficar paralisado de vez se cair daí", "Por que não seguimos viagem sem ele?". Minha mulher, que não havia embarcado, acompanhava tudo do lado de fora, junto com os técnicos. Percebia-se que estava aflita, nervosíssima e com receio de ficar viúva muito jovem.

Uma temerosa solução surgiu depois de recorrerem até ao Corpo de Bombeiros. Como a porta do ambulift estava bloqueada pela estrutura do avião, iriam guinchar a gigantesca aeronave para que pudessem me retirar do aparelho maluco. Puseram-se, então, a puxar para longe de mim aquelas toneladas de lataria – cena tão insólita quanto assustadora. Uma escada móvel de embarque e desembarque de aeronaves foi colocada em frente ao ambulift e me desceram no colo. Dentro do avião, começara um movimento dos passageiros para que o voo prosseguisse, pois ainda demoraria vários minutos até que a minha situação fosse resolvida. Mas o comandante do avião debelou a rebelião:

— Ele pagou passagem igual a todos aqui. Só seguiremos após o embarque do passageiro.

Por fim, quase duas horas e meia depois, entrei na aeronave, no colinho de dois bravos funcionários que suportaram meus quase oitenta quilos. Recebi uma saraivada de olhares, das mais diversas categorias. Ninguém, entretanto, puxou coro de vaia – ou palmas.

Naquele momento, não me senti um elefante apenas. Eu era uma verdadeira manada barulhenta, tirando a paz de quem, como eu, só desejava fazer uma viagem tranquila.

O espelho

Se mudanças e diferenças físicas e de comportamento afloram fortemente em qualquer pessoa na adolescência, em alguém com deficiência motora ou sensorial elas se manifestam de maneira quase insuportável, desesperadora, na mesma época de vida.

O corpo infantil, mesmo estragado por doenças, acidentes ou má-formação, é, de certa maneira, resguardado e protegido pela inocência. As diferenças não abalam a ponto de castigar com vigor o sono, os sonhos e os pequenos planos.

Não digo que na infância não haja sofrimento causado pelo modo como os olhares cheios de pena miram os corpos frágeis e com os movimentos ou sentidos comprometidos, mas, para a criança, tudo se transforma em uma nova brincadeira, sempre emerge uma palavra de incentivo e, junto, uma promessa de futuro melhor.

As dores profundas e agudas durante os procedimentos de reabilitação, os tratamentos e os consertos de toda ordem deixam marcas, pesadelos e imagens cravadas na mente da criança – e durarão por toda a existência. São poucos os casos, contudo, em que essas memórias terão impacto definitivo, impedindo que a pessoa retome o curso da vida. Aos poucos, a crueza se acomoda, ameniza e não haverá mais o que justifique uma contínua tristeza do Jeca.

Por volta dos quinze anos, entretanto, o bicho começa a pegar. No meu caso, as pernas não engrossavam, como ocorria com os outros meninos. Deixei de alcançar o mundo todo, aprendi a ser melancólico, nasceu em meu peito uma necessidade extrema de amar, de me apaixonar e de transar, o que, no meu relógio interior, demorava sempre demais para acontecer.

Foi um tempo em que o amparo dos "de casa" já não era suficiente para ajudar em meus objetivos, um tempo em que os amigos já não tinham paciência nem palavras para contribuir na construção de uma personalidade mais afirmativa. Eu não gostava do que via no espelho. E não tinha preparo, inteligência e crítica para conseguir despertar dentro de mim uma pessoa mais corajosa, mais disposta a enfrentar a adversidade e que me acompanhasse até o fim dos dias.

Colaborou muito para a ampliação do meu conflito de identidade a falta de referências. Em cidades muito pequenas, pessoas com deficiência eram quase aberrações, eram doentes guardados e cuidados dentro de casa, longe da sociedade por causa da completa falta de condições para viver bem com os demais. Não se pensava em coisas como acessibilidade e inclusão. Também não havia ninguém em meu círculo de conhecidos que pudesse me indicar novas possibilidades, que acalmasse meus tormentos e me mostrasse que, no futuro, poderia haver uma realidade melhor do que aquela que eu, adolescente, vivia.

Como eu conquistaria uma das dezenas de garotas que amavam conversar comigo, mas só conversar, por longas e longas horas? Por causa disso, minha mãe chegou até a me apelidar, naquele tempo, de "pé de santo". Como eu satisfaria aquele desejo súbito pelas saias que esvoaçavam no calor provocante do Centro-Oeste? Na cabeça das pessoas, talvez pairassem dúvidas a respeito das minhas habilidades sexuais.

Fui criado para enfrentar todas as coisas sem olhar para mim mesmo. Tinha de seguir sempre em frente, a fim de garantir a minha própria chance de continuar existindo com independência, mas até o começo da juventude as diferenças que eu tinha desgastaram bastante as minhas emoções.

Naquela época, eu queria ser como as outras pessoas comuns. Queria ser normal e me atormentava, como nunca antes, com justificativas como "você não pode", "para você não vai dar", "para você será impossível". Não tinha maturidade nem um manual que me indicasse outras soluções que não lamentar o que eu não tinha, o que eu não podia e os olhares que me apartavam do mundo e me deixavam em meu canto, cercado por minhas limitações.

o

Houve um tempo, no final da infância, em que eu conseguia projetar com mais clareza uma pessoa sem deficiência que habitava o meu íntimo. Imaginava as várias possibilidades de existir como ser andante, capaz de subir montanhas, de correr na praia. Quanta complexidade existe no simples movimento de subir uma escada: um pé após o outro, a atenção ao equilíbrio, a destreza para continuar subindo, um pouco mais, e ainda mais um pouco, até chegar lá no alto intacto, inteiro.

Naquele momento, penso que as pressões externas eram mais fortes e, portanto, era preciso que eu desejasse ser uma pessoa mais capacitada para dar conta das expectativas dos outros e sanar algumas de minhas frustrações. Mas também havia uma angústia que era minha, sim.

Minha irmã, Sheila, sempre foi muito festeira. Nos fins de semana, não perdia nenhum baile – atração que até hoje anima as cidades interioranas. Para ela, não havia mau tempo jamais. Mesmo que não tivesse companhia, mesmo que precisasse ir de bicicleta, mesmo que chovessem canivetes, lá ia a Sheila. Aquelas festas certamente nutriam, com sua alegria, qualquer juventude.

Eu, então, imaginava que poderia ter sido um galante "pé de valsa", acompanhando minha irmã nas festas.

Adorava o gingado dos corpos no baile. Gostava de ver aqueles incansáveis parceiros que, sem pestanejar, iam trocando de damas a cada música nova. Dancei muito em minha cadeira de rodas porque o movimento vindo de dentro de mim, em alguns momentos, era incontrolável e indomável. Mas um cadeirante dançando é como uma nova colmeia para abelhas. O enxame de olhares admirados, curiosos, pesarosos e irônicos era difícil de ser enfrentado. Sem falar na necessidade explícita que alguns têm de interagir a qualquer custo para "facilitar" a dança ou, quem sabe, para naturalizar aquilo que parece tão exótico.

Apesar disso, até hoje não contenho o remelexo quando ouço o som de uma marchinha de Carnaval. Tomei gosto pela folia graças a Alexandre, meu amigo de infância que organizava um dos blocos mais animados de Três Lagoas. Ele me encorajou e insistiu para que eu fizesse parte do grupo, para que fosse ao salão rodar em meio aos palhaços, às colombinas, aos bêbados e aos doidivanas em geral.

Bastava eu adentrar o salão e choviam empurradores de cadeira com o intuito de "me tirar da tristeza". Mal sabiam quanto aquilo era chato e me incomodava. Gostava mesmo era da liberdade de ser folião à minha maneira. Gostava de sentir o confete e a serpentina caírem sobre meu rosto.

A música, de alguma maneira, me transportava para outra condição: menos imóvel, mais flutuante, mais vibrante. O Carnaval, com seus ritmos, seu alalaô, seus transes, apaga qualquer tipo de diferença e o que resta no salão é apenas uma energia musical, um fluxo de euforia. Era esse o momento de que eu mais gostava.

Dentro de mim também habitava um cara esportista – em grande contraste com esse sujeito que eu sou, com minha paixão pelo sossego dos pensamentos, pela contemplação, pelo ócio.

Em meus pensamentos, eu desenhava maratonas das quais participava, jogos de futebol sobre a grama fresca, competições de vôlei que eu vencia ao dar um bloqueio. A mistura de suor e satisfação com uma vitória, mais os aplausos e o frenesi do público, tudo isso fazia falta à minha autoestima.

Várias e várias vezes essa pessoa imaginária entrou em confronto com a minha condição real. A mim faltavam maturidade e informação para que pudesse acreditar um pouco mais que, sim, tudo isso seria possível, mas com procedimentos diferentes. Também faltavam exemplos nos quais eu pudesse me espelhar naquele momento, evitando assim aqueles sentimentos de melancolia, solidão e tristeza.

o

Tenho ojeriza a pensamentos que colocam deficiências, doenças e dramas psicológicos profundos como cruzes a serem carregadas ao longo da vida, ou como um carma, do qual não se consegue desvencilhar.

Caso aceitasse que minha condição é um peso, um saco de batatas a ser descascado até o fim, eu perderia muito tempo chorando sobre o leite derramado, brigando contra a própria existência e buscando maneiras impossíveis de superar o que seria um destino inexorável.

Não se trata de aceitação e acomodação diante da adversidade. É algo mais simples. É imaginar-se como alguém peculiar, como alguém que nem sempre faz o caminho reto, mas, sim, aquele cheio de curvas.

Não poder andar é algo que já está cravado no meu DNA. Não acordo pensando que vou sair correndo pela casa para abrir a porta, enquanto a campainha toca insistentemente. Acordo, sento na cama, ajeito minha cadeira, transfiro-me para ela, acomodo-me e, então, sigo em direção à porta.

Jamais me apoiei em crenças para obter um alívio às minhas dificuldades e aos olhares discriminatórios. Nunca pedia a Deus que me livrasse dos preconceituosos ou fizesse minhas pernas engrossarem. Na minha imaginação, voltar a andar nunca foi um pedido que fosse possível fazer aos céus.

Minha fé é formada de outro conteúdo. Em meus pensamentos e viagens espirituais, sou apenas um sujeito comum, alguém que busca sua evolução interior, tentando ser um pouco melhor para os outros e também para si mesmo.

Nas religiões existe, hipoteticamente, um território livre onde todas as pessoas são aceitas como "iguais". Para os credos, ocorre também de a pessoa com deficiência ter uma aura de ser humano "melhor", devido à carga de prováveis sofrimentos, limitações e desafios que ela terá suportado ao longo da vida. Tendo a concordar que, talvez, alguém com deficiência faça julgamentos com mais parcimônia, seja mais tolerante com os outros e tenha uma sensibilidade mais aguçada para lidar com adversidades. Mas isso não é uma regra.

Em meu autorretrato, pinto virtudes agregadas à minha condição física. É como se o fato de eu ser cadeirante me tivesse proporcionado oportunidades únicas na vida e até certa vantagem no que diz respeito à solidez de caráter, à capacidade de analisar com mais complexidade o comportamento alheio. Mas também esse raciocínio é tremendamente hipotético, uma vez que sou o que sou e nunca fui um sujeito andante.

Pessoas que, tendo uma vida normal, um dia sofreram traumas severos que as privaram dos movimentos costumam fazer relatos densos em que revelam ter adquirido valores mais profundos após as perdas que sofreram. Não raro, especulo comigo mesmo se eu não teria me autodestruído caso tivesse vivido com total liberdade motora. Mas também acolho o pensamento de que esse raciocínio pode ser apenas uma maneira de apaziguar possíveis frustrações guardadas num fundo psicológico bem longe do alcance de minha visão objetiva.

Seja como for, a imobilidade me fez mais contemplativo, mais reflexivo, mais atento ao que se passa ao redor. Quando se explica a necessidade de uma rampa ou de um instrumento de acessibilidade qualquer a alguma pessoa, é frequente ouvirmos dela a seguinte frase: "Nunca parei para pensar nisso". Quando se pertence ao time dos quebrados, é preciso impor-se uma pausa para refletir sobre as várias maneiras de trilhar um mesmo caminho.

o

É praticamente impossível responder à pergunta: "Gostaria de não ter tido a deficiência?". Tudo o que envolve essa indagação tem reflexos diretos sobre mim, mas também sobre as pessoas que me cativaram e a quem eu cativei, em cujas ideias e emoções eu acreditei e que acreditaram nas minhas ideias e emoções – pessoas que eu amo e amei. As diferenças físicas ou sensoriais, em dado momento da vida, costumam ser muito mais sentidas e estranhadas pelos outros do que pelas próprias pessoas que as possuem. Parte importante da pressão para ser "normal" vem da dificuldade alheia de entender que é possível viver bem, feliz e realizado, mesmo sendo cego, sendo surdo, sendo cadeirante, sendo autista, sendo down.

O sofrimento que senti foi, sim, de certa maneira, provocado também por aqueles que rechaçavam ser possível construir uma boa realidade com um corpo imperfeito. Por essa razão, pessoas que ganham incapacidades motoras ou perdem parcial ou totalmente algum dos sentidos passam um tempo longo demais em busca de um conserto, de uma salvação para si mesmas, pressionadas pela ansiedade dos outros.

É evidente que há também uma necessidade própria de tentar ser consertado, de voltar a ser o que era antes do episódio fatídico, mas o processo de aceitação da nova realidade física ou sensorial seria bem mais sereno, completo e saudável se houvesse mais tolerância, mais entendimento, mais aceitação das diferenças.

De certa maneira, demorei um bom tempo até conseguir assegurar a mim mesmo que o melhor caminho seria buscar instrumentos que dessem envergadura e sustância ao sujeito que eu era de fato, com minhas inabilidades.

Eu não conheço o Jairo que anda apressado pelas ruas, dança no meio do salão e corre na praia, saltando entre as ondas do mar. Encarar no espelho esse desconhecido me causa desconforto. Seria como admitir que não fui capaz de construir um espaço de felicidade, de paixão e de sossego para mim e para os que eu amo. Hoje, quando me olho ao espelho, é outro Jairo o que vejo: o sujeito *malacabado* que eu sou, mas um ser humano como os outros, tão imperfeito como qualquer um.

Agradecimentos

À minha mulher, Thaís Naldoni, agradeço a leitura entusiasmada e apaixonada deste livro, desde os primeiros esboços.

Aos meus amigos Thaís Nicoleti de Camargo e Rogério Pagnan, agradeço o encorajamento que me deram para prosseguir com esta obra e a ajuda em tantas dúvidas que me ocuparam enquanto a escrevia.

Aos leitores e amigos fiéis, incansáveis e colaborativos do blog Assim Como Você, sejam eles *malacabados* ou apenas infiltrados, agradeço o apoio que têm dado às minhas reflexões e provocações em prol de mais inclusão e igualdade.

Este livro foi composto na fonte Albertina
e impresso em junho de 2016 pela Intergraf,
sobre papel pólen soft 80 g/m².